「いつでも、どこでも、だれでも」の学校

通信制高校のすべて

――改訂新版

手島 純 編著

阿久澤麻理子／石原朗子／井上恭宏／内田康弘／神崎真実／古壕典洋／土岐玲奈／松本幸広

目次

改訂新版に寄せて

手島　純

うれしいことに本書は多くの方に読んでもらい、ついに改訂新版を発刊する運びになりました。二〇一七年五月に初版が発刊されて、同年七月にはすぐに二刷りとなり、二〇一八年には増補版を発刊することになりました。そして、増補版から五年が経ちました。この五年間で何が起きたかと言うと、通信制高校に通う生徒がさらに増えたということです。高校全体の生徒数は減り続けているのに、通信制高校の生徒数は増えていて、今や高校生の一二人に一人が通信制の生徒なのです。この本が発刊された二〇一七年には二〇人に一人でしたが、瞬く間にその割合を増やしていきました。その理由は何か。それはいくつかの要因があるでしょう。

今まではセーフティネットとしての通信制高校というイメージでしたが、アスリートや芸能関係者をはじめ、さまざまな方が通信制高校の門を叩いています。通信制高校の特色ある取り組みに魅力を感じる者が増えていることもあります。また、全日制高校から転校する生徒の多くが通信制高校を選んでいるという事実も浮かび上がってきました。中退ということではなく、転校という形をとりますので、あまり表面化していませんが、その数は決して少なくないのです。

全日制高校での学習がいろいろな理由で続かなくなったとします。その場合、退学せざるを得ない状況がありますが、そうではなく転校するという選択もあります。しかし、全日制から全日制への転校は制度上、難しくなっています。かつては定時制へ移るという選択もありましたが、現在その数はかつてほど多くなく、通信制への選択、それも私立通信制高校への選択が多くなっています。

また、小中学校での不登校者数は増えていますが、小中学校で不登校だった者が全日制高校に行っても、学習の継続はなかなか厳しい状況です。というのは、多くの高校では授業の三分の一以上欠席すると、単位が取れずに進級、卒業が困難になります。このことはどこにも書いていませんが、全国の多くの高校ではこうした運用を行っています。しかし、通信制での単位取得の方法は全日制と違うので、この「三分の一以上の欠席でアウト」という制約はありません。それゆえ、不登校であっても単位取得は可能で、卒業もしやすいのです。

こうした教育問題を真摯に受け止め、生徒のための学習支援をしている通信制高校は多いのですが、一方でその制度を利用して「商売」にしているのではないかと思われる通信制高校もあります。就学支援金不正受給で問題になったウイッツ青山学園高校がそうでした。また、サポート校という名は最近よく聞くと思います。通信制高校と提携している塾のようなものです。制度上の制約があまりないので、自由な教育活動が展開できますが、逆に問題も生じています。通信制高校だと思っていたらサポート校だったということもあります。受験に特化したサポート校もあります。

しかし、どちらにせよ生徒のニーズを一定程度は満たしている訳ですので、一面的な批判は当たりません。「お金で単位を売っている」という批判もありますが、それを私立通信制高校の全部に当てはめるのは偏った主張です。

通信制高校の語られ方は混沌としています。通信制高校の教育内容は多面的なのですが、一面だけを見て語られる傾向があります。通信制高校を一方的に絶賛したり、逆に非難したりという論調が共存しています。どちらも通信制高校の全体像を見ずに語っているのです。特に近年の広域通信制高校についてだけを見て通信制高校を語る傾向が強く、公立通信制高校も含めた通信制高校全体の歴史も視野に入れてほしいと思うことがしばしばあります。それをメディアの取材で感じることも多くなっています。この本のおかげで取材を受けることがあるのですが、どうも取材側の意図したことで通信制高校がまとめられていて、その補強のために私の意見を利用しているだけではないかと思う場面に遭遇することがあります。

具体的に記しますと、たとえば二時間ほどの取材を受けます。その時にいろいろなことを私は話すのですが、その一部分だけを切り取って記事にされるので、真意が伝わらないということです。それゆえ、私は必ず私の発言内容が正確かどうかを見させてもらっています。記事全体をチェックするなどということはありませんが、私の発言を間違った内容や文脈で紹介されるのは嫌ですね。デスク（記事の責任者）のチェック段階で捻じ曲げられることもあります。デスクが通信制高校のことを知らずに、勝手に記事を書き換えていると感じたことは一度だけではありません。

ここで言いたいことは、私の取材体験ではなく、それほどに通信制高校の全体像を把握するのは簡単ではないということです。「『令和の日本型学校教育』の構築を目指して～全ての子供たちの可能性を引き出す、個別最適な学びと、協働的な学びの実現～（答申）」という中央教育審議会答申が二〇二一（令和三年）年一月にありました。これは今後の日本の教育の指針になるものです。そこで、通信制高校の件《くだり》はどうなっているのかと調べました。少し長くなりますが、引用します。

通信制課程を置く高等学校は，関係法令を当然に順守するとともに、ガイドラインをしっかりと踏まえた上で学校運営や教育活動を実施することが求められるが、未だに不適切な学校運営や教育活動を行っている学校も少なからず見られる。

そのため、通信制課程を置く高等学校で学ぶ全ての生徒が適切な教育環境のもとで存分に学ぶことができるよう、高等学校通信教育の質保証を徹底するべく、教育課程の編成・実施の適正化の観点から通信教育実施計画の作成義務化、サテライト施設の教育水準の確保の観点から面接指導等実施施設の教育環境の基準の明確化、多様な生徒にきめ細かく対応するための指導体制の充実の観点から面接指導は少人数を基幹とすべきことの明確化、主体的な学校運営改善の徹底の観点から教育活動等の状況に関する情報公開の義務化といった対応方策が考えられる。

この引用は「②高等学校通信教育の質保証」という箇所なので、質保証が中心に述べられていますが、その前後にも通信制高校のポジティブな点がほとんど書かれていません。確かにこうした質保証にかかわる問題点はあると思います。しかし、通信制高校が高校教育において果たしてきた役割などがまったく書かれていないのが非常に残念でした。こうした問題が構造的に通信制高校の全体に広がっているのでしたら的確な指摘になりますが、あくまで一部の学校の話です。ここはしっかり分けてほしいと感じました。多くの通信制高校がこうであったら生徒数はさすがに増えないでしょう。中教審答申でさえこうなのですから、通信制高校の全体像をなかなか分かってもらえません。そのためにはぜひ本書を読んで全体を把握してほしいと思うのです。五年前に書いた本書の骨組みはまったく揺らいでいません。

さて、この文章を執筆している時に通信制高校にかかわる記事が新聞に掲載されていました。「通

学回数券廃止 通信制が悲鳴」（二〇二三年三月二三付朝日新聞）という記事です。交通系ＩＣカードの普及で、回数券の販売をやめる動きが鉄道会社で増えているということです。通信制生徒は毎日学校に通わない者もいますので、定期ではなく回数券が便利ですし、割安です。しかし、そうしたことの配慮はないようです。日本の教育を支えながらも、非難を浴び、しかも考慮されない現実は悲しいです。今後の行方を見守りたいと思います。

冒頭で触れた「全日制からの転校（転学）」という問題にも触れましょう。高校全体の中退者数は減少傾向が続き、二〇二一年度は約三万九千人になっています。しかし、主に全日制高校では高校中退という形を取らずに転校という形をとる生徒が多数います。転校の場合は中退者数には含まれません。ある県での事例を紹介しますと、転校した生徒のうち約九〇％が通信制高校に転校していることが分かりました。驚くべき数字ですが、詳しい実態はまだ分かっていません。転校と言っても転居などではなく、生徒指導や単位の関係で実質は退学であることが多いのです。このことに関しては、まだ調査研究が充分されていませんので、今後、明らかにされる必要があります。とても大きな問題だと私は思っています。

通信制高校は不登校者や中退者のセーフティネットになっているにもかかわらず、先の中教審答申に見られるように厳しい目が向けられています。その理由にも関わりますが、インターネットなどで私立通信制高校の宣伝がネット商品の宣伝のようになっていることが目につきます。ここはぜひ行き過ぎないようにしてほしいと思います。

それでも、私は通信制高校に期待をしています。期待の内容は本書を読めば分かります。私は

「通信制高校はアバンギャルドだ」と主張しています。アバンギャルドとは「前衛」という意味です。前衛美術・前衛音楽・前衛演劇など、芸術分野におけるアバンギャルドは常に賞賛と非難が付いてまわりました。しかし、結果的に新しい世界を開拓したことも事実です。同じようなことが通信制高校にも当てはまると確信しています。ともすれば画一的で硬直化しがちな教育界に新しい風を吹き込むのではないかと思っています。

はじめに

手島　純

通信制高校のことがマスコミで取り扱われることが多くなってきました。かつて通信制高校に関しては、中退者や不登校者を受け止めるセーフティネットとしての役割といった内容が多かったのですが、近年は趣を異にしています。

それは、通信制高校がサッカーの全国大会に出場したとか、野球で甲子園大会に出場を果たしたなどといった話題です。サッカー日本代表選手に通信制高校出身者が複数いるようなことも報じられました。また、カドカワが作った通信制高校「N高校」が約一五〇〇人の新入生を集め、そのユニークな入学式の様子もテレビで放映され、ネットを駆使した新しいスタイルの学校として注目を集めています。

一方、ウィッツ青山学園高校の「就学支援金不正受給事件」も大々的に報じられました。それに絡んで株式会社立高校を含んだ広域通信制高校の就学実態に文部科学省の調査が入りました。

どちらにしろ、もはや通信制高校を知らずして、高校教育は語れない状況にあります。すでに在籍生徒数は定時制高校を上回り、高校生全体の二〇人に一人は通信制高校の生徒なのです。通信制高校は高校教育のなかで非常に重要な位置にあるといえます。

もともと通信制高校は、勤労青少年や成人のための学校でした。戦後教育のスタートとして教育の機会均等を保障するすぐれた学校制度の一角を形成しました。通信制高校の歴史を俯瞰すれば自ずと分かります。そのことも多くの方に知ってもらう必要があります。この本は、通信制高校とはじつはこんな学校なのですよと、通信制高校を多角的に紹介し、分析したものです。また、それにとどまらず近年の問題点も抽出し、高校教育のなかでの通信制高校の位置を探りました。

それにしても、なんともやるせなかったのは、前出のウィッツ青山学園高校の「就学支援金不正受給事件」です。就学支援金とは、高校に通う生徒のために国が授業料を支援するもので、その制度を利用して就学支援金を不正受給した事件です。その該当校が、通信制高校だったのです。NHKの報道をはじめとして、多くのマスメディアがこの問題を取りあげました。

しかし、そこには整理しなければならない、いくつかの問題点もあるように思います。

第一に、この事件は通信制高校総体の問題ではありません。教育特区において作られた株式会社立通信制高校で起きた問題ですが、それでも正しい言い方ではなく、株式会社立高校のある学校が起こした事件といえます。教育特区により株式会社立高校が設置された当初は、志高く教育活動を目指しているように思えました。はじめから、お金儲けのためだけに学校を作ったわけではないのです。しかし、株式会社立高校ゆえに利益優先になり、教育そのものがおざなりになった不祥事です。公立の通信制高校や学校法人立の私立通信制高校では起こりにくい事件です。

第二に、通信教育の特色である柔軟な教育制度を悪用した学校運営がなされたということです。通信制の制度を逆手にした何でもありの教育は、やってはならないことです。今までの通信教育の営みが崩壊します。通信教育の方法は学習指導要領で決められていますが、時間の拘束が最小限に抑えられていて、学びやすいシステムとして作られています。その柔軟性が悪用されたのです。

第三に、この事件により、通信制高校自体が「胡散《うさん》臭い」と見られてしまう傾向が心配です。実際に、ある国会議員は、貧困世帯のために奨学金制度の拡充を求めたいという発言に対し、「とりあえず中学を卒業した子どもたちは仕方なく親が行けってんで通信に行き、やっぱりだめで女の子はキャバクラ行ったりとか」と発言したと報道されました。この発言にはあきれるばかりです。奨学金制度の問題に絡めながら、通信制高校とキャバクラを根拠なく繋げて奨学金制度の問題をあしらったのです。いかにも予断と偏見に満ち溢れている発言です。今までも通信制高校を全日制や定時制とは違う眼差しで見る傾向はずっとありました。そうした予断や偏見も徐々に減少し、通信制高校の存在を曇りなく見る状況が生まれてきたかなという思いがありましたが、それが吹き飛ばされてしまいそうです。通信制高校に通う生徒も昨今の通信制高校をめぐる事件と報道に嫌な思いをしているのではないでしょうか。

しかし、この本を読めば、通信制高校の全体像が見えてくると思います。通信制高校の歴史的意義、さらには近年の動向、どれも気鋭の書き手によって調査・研究された成果が分かりやすく記述されています。

通信制高校には公立通信制高校と私立通信制高校があります。私立通信制高校は多くの学校法人立である高校と株式会社立高校に分かれます。生徒募集の切り口（クライテリア）で見れば、通信制高校は狭域通信制高校と三都道府県以上から生徒募集をする広域通信制高校に分類されます。

本書ではそれぞれについて、詳しく紹介し説明しました。また、通信制高校が高校教育総体のなかにあって、どういう意味があるのかということも考察しました。執筆者には通信制高校で実際に教えている教員や運営にかかわっている方に加え、通信制高校を研究している研究者にも多く加わってもらいました。かつては通信制高校についての研究者は少数でしたが、現在は増えつつあります。本書では、さまざまな立場の方が集い、通信制高校について分担して書きました。現場と研究者の共同作業により、通信制高校の輪郭が鮮明になったのではないかと思います。

第一章「なぜ通信制高校なのか」では、通信制高校のおもしろさと今日性を記述しました。第二章「通信制高校の基礎知識」では、第一章を踏まえ、分かりづらい通信制高校の仕組みを解説しました。加えて通信制高校の歴史や最近の動向も俯瞰しました。第三章「高校教育における通信制高校の役割」では、全日制高校や定時制高校との比較の上で、通信制高校の位置を探りました。第四章「公立通信制校」・第五章「私立通信制高校」では、公立・私立、それぞれの通信制高校の特徴を紹介しました。第六章「株式会社立通信制高校」では株式会社立通信制高校の特徴を、取りまく状況も含めて紹介しました。第七章「サポート校」は、サポート校だけを敢えて取りあげ、その実態に肉薄しました。第八章「広域通信制高校と『サテライト施設』」では、フィールドワークを中心に通信制高校の周辺部にスポットを当てました。第九章「通信制のシステムで学ぶとは」では、全日制や定時制と違った通信制での学びの意味を考察しました。第一〇章「通信制高校の歴史」では、現在から過去にさかのぼりながら、通信制の歴史を俯瞰しました。第一一章「通信教育をめぐる思想」では、通信教育に関しての教育思想や現代思想を紹介しました。第一二章の座談会「通信制高校のすべて」では、執筆者に一堂に集まってもらって、通信制高校の現状とゆくえを議論しました。場合によっては、この座談会の記録を先に読んでいただいてもいいかもしれません。通信制高校像が炙り出されてきます。

この本によって、通信制高校の全体像が分かるだけではなく、通信制高校のことを抜きに教育を語ることができない、ということも分かっていただけると思います。

※註は文中に（　）で示し、各章末に付した。
各章の参考文献も各章末に記した。

第一章　なぜ通信制高校なのか

松本幸広

はじめに　通信制高校のイメージ

通信制高校に対するみなさんのイメージはどのようなものでしょうか。おそらく、読者のみなさんの世代と境遇によりかなり異なるのではないかと思います。「自学自習で厳しい世界」というイメージをもつ方もいるでしょうし、「全く新しい高校の世界」という方もいると思います。はたまた、「家庭に特別な事情のある人が進学するところ」という方もいるでしょうし、「本人に特別な事情のある人が進学するところ」という方もいることでしょう。

イメージはまさに千差万別。しかし、「通信制高校」という言葉を聞いたことのない方はいないと思います。

その通信制高校とは実際どんなところなんでしょうか。

通信制高校の歴史は、戦後の新制高校の歴史と重なります。新制高校の進学率は、戦後すぐには四〇％程度というところからスタートして、七〇年余りを経た今、九八％を超えています。中学校卒業後、二人に一人が進学する世界から、ほぼ全員が進学するものとなったのです。そしてついに、「高校ぐらい卒業するのが当たり前、そうでなければ就職できないよ」の世界になっているのです。

このなかで通信制高校が果たしてきた役割は、時代とともに変化しつつも、とても重要なものでした。歴史的に何が重要であったかは別の章に譲るとして、我々が耳にする「通信制高校」とは何か？　ここでは、そんな通信制高校の今を概観していきましょう。

一・渋谷のスクランブル交差点を高校生が渡ったとしたら

突然ですが、渋谷のスクランブル交差点をイメージしてください。テレビでもよく出てくる、やたらと人が多く渡っているスクランブル交差点です。あの交差点は一回の青信号で、多いときで三〇〇〇人ぐらい、少ないときで五〇〇人ぐらい通行するそうです。では仮に千人程度の高校生が渡ると考えてみましょう。二〇一五年現在、このなかに、通信制高校に通っている人は五〇人います。つまり二〇人に一人です。[1]

ではもう少し、数字で見てみましょう。中学校を卒業しようとする千人が交差点を渡ります。このうち高校に進学する人は九八七人で、そのうち通信制高校に進学する人は二一人です。ではその三年後、高校を卒業する人が千人いた場合はこのなかに通信制高校卒業の人は何人でしょうか?

じつは比率から計算すると四六人いることになります。

なんと、中学校を卒業して通信制高校に進学する人はおおよそ二万人なのですが、卒業するときには約五万人になっているのです。[2]　街角で、大人の方に「中学校卒業者はこのところおおよそ一〇〇万人ぐらいいます。さて、そのうち何人ぐらいが通信制高校に進学すると思いますか?」と聞くと「想像もつかない。考えたこともないので分からない」という回答が多く聞かれます。そこで、「じつは二万人の生徒が通信制高校に進学しているのですが、三年後に卒業するときには何人になっていると思いますか」と質問すると、ほぼ一〇〇％の方が二万人より少ない数字を答えます。それもかなり少ない数値です。「答えは約五万人ですよ」と伝えると驚かれることがほとんどです。「なんで増えてるのですか、嘘でしょう。そんなことあり得ない」という反応です。

「今どきは、みんな高校に進学するけど、みんなが卒業できるわけではない」という印象は、みなさん実感を伴ってもっている感じです。そして、全日制より通信制は卒業するのが大変だという印象をもたれているようです。

じつは、入学のときより通信制高校の同学年の生徒の卒業生が増えているのは、全日制高校や定時制高校から、途中で通信制高校に移ってくる生徒たちが多数いるためなのです。

二．高等学校の制度

では、通信制高校の今を見るために簡単に高等学校の制度を見ていきましょう。高校は大きく分けると、全日制・定時制・通信制の三つの課程があります。「高校」といったときにみなさんがイメージするのは「全日制高校」です。自分自身の経験でも、お子さんの進路としても多くの方が「全日制高校」のことを思い起こされるでしょう。それもそのはず、今やほぼ全員が進学している高校の生徒数でみると、九〇％が全日制高校で、定時制高校が三％、通信制高校が五％程度になります(3)。

高校生のスポーツ全国大会などでみなさんがよく知っている、野球の甲子園大会、お正月に行なっているサッカーの全国大会など、正式には「全国高等学校野球選手権大会」「全国高等学校サッカー選手権大会」という名称です。これらの「高等学校」という言葉は主として「全日制高等学校」を指しています。つまり、いま日本では、高校というと全日制高校のことなのです。「全日」はいわばフルタイム、「定時」はパートタイム、「通信」は「通信の方法」（かつては郵便が主流）で学ぶという違いになります。

それら三つを呼ぶときには、一般的には頭文字をとって「全定通」と呼びますし、全日制を除いた場合には「定通」と呼びます。これは成立と規模の順ということです。しかしながら、今や定時制高校より通信制高校の方が生徒規模も大きく、社会的には「全通定」となっていくかもしれません。それより、もしかしたらそのような呼び方など将来なくなっていくかもしれません。

すでにその兆候はあります。先ほどの高校野球ですが、二〇一六年夏の甲子園大会に通信制高校であるクラーク記念国際高校が北北海道代表として出場しました。春の選抜高校野球大会には、地球環境高校（長野県）が二〇一二年に出場を果たしています。一方、毎年お正月に開催されるサッカー高校選手権でも、野球より一足早い二〇〇二年にやはり地球環境高校が、二〇一五年には第一学院高等学校（茨城県）が本大会に出場しています。よく、「通信制や定時制の運動部はレベルが低いから、全日制高校が参加できない定通大会が別にある」と通信制高校のことをちょっと知っている方は言われたりしますが、それそのものが大きく変わる可能性もあるのです。

三．広域通信制高校、狭域通信制高校って？

広域通信制高校という言葉を聞いたことのある方もいるかもしれません。「通信制」なのですから、「広い地域（広域）」なのは当たり前だと思われる方もいるかもしれません。しかし、制度的には通信制高校には「広域通信制高校」と「狭域通信制高校」の二つが存在するのです。

日本での公立学校制度は、居住しているところが中心となります。小中学校であれば区市町村などの基礎自治体、高校の場合は都道府県などが学校を設置しています。子どもたちは基本的には自分自身が居住しているエリアの学校に通うことになります。しかしながら通信制高校の場合、生徒はその性格上、居住している都道府県にある通信制高校に通学しなければならないわけではありません。生徒の生活空間は、「住んでいるところ」と「働いているところ」というのが、定時制高校同様にあるわけです。なにしろ、通信制・定時制は勤労しながら学ぶ場というのが当初の設定ですので。通信制高校では、面接指導や試験があるので通信制とはいえ、どこかに通う必要があります。住んでいるところは○県だけど、勤務しているところは△県ということも大いにあり得るわけです。それゆえに、通信制高校を選択し在籍する基本は、住んでいるところの都道府県か、勤務しているところの都道府県という、二つの都道府県という想定になります。

これが基本ですが、通信制ですから定時制とは異なり通う頻度はずいぶん少なくなります。となると、住んでいるところと通勤しているところという二つの都道府県以外からも入学し在籍することも不可能ではありません。このように生徒を募集するところを「広域通信制高校」と呼ぶのです。広域通信制高校になると、学校に通学する生徒が三つ以上の都道府県になるため、管轄するのも学校を設置認可した都道府県だけでなく文部科学大臣にもその一端を担わせる法令の作りになっています。

ということで、三つ以上の都道府県からの生徒を募集対象とするものが「広域通信制高校」、高校所在地とその隣接県一つに居住する生徒を募集対象とするのが「狭域通信制高校」と呼ばれています。「狭域」という言葉は「広域」に対応して使われている言葉ですので、公立全日制高校に併置されている通信制課程などは特別「狭域」などという言葉は使いません。いわゆる「狭域通信制高校」が通信制課程の王道であり、メインストリームだったわけですから。広域の通信制課程は、一九六二年一〇月に東京都から認可されたＮＨＫ学園高校が初になります。二〇一六年現在、全国に通信制高校は二四四校あります。これらの高校のうち広域通信制高校と狭域通信制高校は学校数では半々というところです。公立の学校はほぼ全部狭域で（一校だけ県立の広域通信制高校があります）、広域通信制高校は学校法人立のいわゆる私立高校もしくは、株式会社立高校となります。

世の中的に、「広域通信制高校」＝「株式会社立通信制高校」という認識の報道がされる場合がありますが、全くの間違いということが分かりますね。

このあたりの歴史的な流れも大いに興味深いのですが、別の章に譲りましょう。

四．技能教育施設・サポート校とは？

「高校ではない高校」という呼び方を聞いたことのある方もいるかもしれません。日本語としては「結局どちらなのだ？」と言いたくなりますね。じつは、通信制高校を利用した教育の場として「技能教育施設（技能連携校）」や「サポート校」というものが存在するのです。その数およそ一五〇〇校です。でも、じつはこの数は正確ではありません。もっと多いのかもしれません。それはいったいどういうことなのでしょうか。

まず、技能教育施設（技能連携校）です。これは制度として学校教育法で定められています。この制度は、一九六一年、高度経済成長期と高校進学率の上昇を受けてできたものです。この頃、地方から都市部に多くの中学校卒業者が「金の卵」と呼ばれて就職のために流入してきました。しかし、大手の企業に就職しても、そのままでは彼らは中卒です。折しも高校進学率は六〇%を超えて右肩上がりに増加しています。今後高卒社員が増えることは明らかになっています。優秀な生徒を、いわば青田買いで就職させた企業も何か手を打たねばなりません。そんな彼らが高校卒業資格を得て、就職した企業で生涯働いていくために生まれたのが、企業と通信制高校・定時制高校が連携した制度なのです。高度経済成長を支えていく大手工業系の企業が、会社内に技能教育施設をつくり、高校教育と企業教育を合わせて担っていったのです。その結果、社員に高卒への道を開くとともに、かなりの時間を企業教育に費やすことができました。このように社会を支えてきた技能教育施設ですが、さらなる高校進学率の上昇で転機が訪れます。大手企業にとってはこの制度は必要性がなくなってきたのです。そこで、この制度を使い、企業内ではなく企業の外に技能教育施設を設置し、生徒たちの時間を企業教育ではなく、個々の特性と状況に応じた学習指導要領によらない学習に充てる新しいタイプの技能教育施設が一九八五年に誕生しました（神奈川県横浜市「宮澤学園高等部（現星槎学園高等部）」）。これ以降、このタイプの技能教育施設が首都圏を中心に設置され、これら教育施設は、その後の広域通信制高校設置の母体となっていきます。時代的には、管理教育全盛期といえる頃になります。校内暴力やいじめの問題などが大きく取り上げられていた頃です。今現在、全国で約三百校ある技能教育施設は、企業内校はたったの四校となり、その中心は企業外施設である専修学校となっています。

さて、一方サポート校です。なぜサポート校という名称かというと、「通信制高校の学習と卒業までの道のりをサポートする」というのがもともとの意味です。通信制高校は自学自習が中心で、なかなか卒業までたどり着くことが困難な時代がありました。その通信制高校での学習であるレポートの作成やそのための学習のサポートをするのです。企業外の技能教育施設の設置に続く形でサポート校という名称が社会に出回ってきます。折しも高校進学率が九五％を超え高校へ進学するのが当たり前になってきた頃です（ちなみにこの九五％は通信制課程を除くものです。つい最近まで政府の高校に関する統計調査などでも「通信制課程を除く」というのはよく見られました）。通信制高校での学びの難しさと、学習が困難であるとか、学校になかなか適応できないなど、多様化する生徒の状態像に対応するための民間教育施設としてサポート校の存在が必要になってきたといえるでしょう。それゆえに、フリースクールや学習塾とサポート校を兼ねている教育施設も多くあります。サポート校はどこかからの認可を受ける必要がとくにはないので、規模はまちまちですが名乗ったときからサポート校という世界でもあります。初めに「この数は正確ではありません」と述べたのはこのためです。

高校受験の結果、やっとたどり着いたのが定時制か通信制。夜に通学するのは抵抗があるとの思いから通信制と連携する技能教育施設や、サポート校にたどり着いた中学三年生が多くなってきたのが平成に入るこの時期です。定時制の方が断然多かった在籍生徒数は、一九八七年に、通信制が逆転しその差は年々大きくなっています。

五．通学型通信制高校って何か矛盾してない？

通信制高校は、戦後すぐに全日制・定時制の高校に通学することができない青少年に対して、通信の方法により高校教育を受ける機会を与えるために生まれました。「通学することができない」

ゆえに、「通信制」というわけです。しかしながら、「通学型通信制高校」「全日型通信制高校」という言葉が今あります。「通学型」は通学する形式、「全日型」は「全日制高校」の「全日」であり、これもまさに通学する形式です。「通信」＝「通学することができない」であれば、「通学型通信制高校」「全日型通信制高校」という言葉は矛盾をはらむ言葉になります。

先に見てきましたように、かつては全日制・定時制に通学できないとは、経済的な事情が多くの理由を占めましたが、時は平成に入るころから通学できない理由が、学力の問題であったり、不登校の問題であったり、既成の学校への反発であったり、通学できないのではなく通学する意思がないなどじつに多様化してきました。果たして、全日制高校はこのような多様化する課題や、多様化する社会に対応できてきたのでしょうか。

つまり、高校教育を享受する立場からいうと、一見矛盾するように見える、通学型通信制高校とは「通信の方法」を使った、「通学型」「全日型」の「全日制・定時制」でない高校ということであり、学習者である生徒の動機からすると、そこに到達することはもしかしたら必然だったともいえるのではないでしょうか。なにしろ、広域通信制高校とされている一〇六校のうち、本校以外の通学できる施設（学習センター・技能教育施設・サポート校）をもつものは六五校（面接授業のときだけ利用する協力校を除く）。「通学型」や「全日」、それに類する言葉を掲げているのは六九校もあるのですから。(4)

高校教育をめぐる戦後七〇年に何があったのかを検証していく必要がありそうです。

六．で、高校って何なのだろう？

「普通教育」という概念があります。普通教育とは、全国民に共通な一般的・基礎的な教育であり、職業的・専門的でない教育を指すとされます。そして日本国憲法では「すべて国民は、法律の定めるところにより、その保護する子女に普通教育を受けさせる義務を負ふ。義務教育は、これを無償とする」とあり、学校教育法によって「子に九年の普通教育を受けさせる義務を負う」（「負ふ」「負う」は原文のママです）とされます。この九年が義務教育であり、小学校・中学校であるわけです。ということは、高校教育は義務教育ではない普通教育ということになりましょうか。そして、高校教育は学校教育法に以下のようにその目的が規定されています。

第五〇条　高等学校は、中学校における教育の基礎の上に、心身の発達及び進路に応じて、高度な普通教育及び専門教育を施すことを目的とする。
第五一条　高等学校における教育は、前条に規定する目的を実現するため、次に掲げる目標を達成するよう行われるものとする。
一　義務教育として行われる普通教育の成果を更に発展拡充させて、豊かな人間性、創造性及び健やかな身体を養い、国家及び社会の形成者として必要な資質を養うこと。
二　社会において果たさなければならない使命の自覚に基づき、個性に応じて将来の進路を決定させ、一般的な教養を高め、専門的な知識、技術及び技能を習得させること。
三　個性の確立に努めるとともに、社会について、広く深い理解と健全な批判力を養い、

社会の発展に寄与する態度を養うこと。

高等学校の目的は、現在の社会を維持していくための社会化のみならず、社会の発展に寄与する態度を養うために「社会について、広く深い理解と健全な批判力」を養うのですから、今社会の課題となっていることに向かい合うことが求められているのです。まさに、未来を創っていくために必要な力をつけることが高校には求められているのです。

しかしながら、高校はほぼ全入の時代を迎え、小学校・中学校の延長線上におかれているといえましょう。単一の軌道を、年齢に応じた学年に応じ、学校から与えられた学習の成果という尺度のもと、年齢を重ねるごとにその尺度における差を広げつつ成人に至るとは言えないでしょうか。多様性とはかけ離れた、一直線上に示される単一価値観の上に並べられている気がします。

義務教育に始まり、義務教育ではない普通教育を経て、未来の社会を創っていくどころか社会に参加できない子どもたちが増えているのではないでしょうか。ちょっと後ろ向きな話に聞こえたかもしれませんが、それゆえ、高校には「希望」が見えていると思えるのです。通学型通信制高校、技能教育施設、サポート校、そしてその影響を受けつつ変化していく、全日制高校・定時制高校、義務教育ではない普通教育だからこそのさまざまなチャレンジがこの国を変えていくのではないかと思えるのです。

七.「そもそも論」からして通信制高校は面白い

そもそも、学校とは何でしょうか。古く（もちろん近代学校制度成立前）から、年長者は子どもや若者にいろいろなことを伝えてきました。それはまさに生きていくためです。自らが経験してきたことや知識を、自分の子どもや共同体内の子どもに伝えることによって、自身の遺伝子を残していくという極めて生物学的な当然の行為だったのかもしれません。そして、その行為をより効率的に組織的に行なっていくのが近代の学校の使命だったといえるのではないでしょうか。まさに社会化のための機能です。

近代の学校は、学校という閉鎖された疑似社会空間に子どもたちを閉じ込め、教育を施したのち社会に戻すという構造をもってきました。教育基本法に示されるように、義務教育は「各個人の有する能力を伸ばしつつ社会において自立的に生きる基礎を培い、また、国家及び社会の形成者として必要とされる基本的な資質を養うことを目的として行われる」ものです。それに続く高等学校の目的は前述のとおり学校教育法に示されています。

その構造のなかで通信制高校は、学校という閉ざされた社会のなかに生徒がいるのではなく、既に一般社会のなかにいる人たちを対象として始まっているのです。学校という社会から、教育を施し社会に戻すということは、そもそも通信制高校の立場からいうと、なにやら不思議な感じがしませんか。

もしかしたら、通信制高校というのはその初めから、社会に開きつつ教育を行なっていくという極めて斬新な役割をもっていたのかもしれません。

「学習」という行為を考えるとき、我々のイメージするのは「学校」の場合が多いでしょう。しかし、「今のあなたはどこで何を学んだことで今のあなたとなっているのでしょうか」と問うたときにあなたは何と答えますか。この世に生まれたときから我々はさまざまなことを学んで今のあなたになってきました。いったいどこで、何から、何を、どのように学んできたのでしょうか。多くのことを学んだのは映画からかもしれません。書物からかもしれません。親からかもしれません。テレビからかもしれません。インターネットからかもしれません。学校からかもしれません。自身の外界にあるありとあらゆるものから学んだに違いありません。

現在の日本で、ほとんどの人間が体験していく学校で、学んだ時間の一部分である義務教育ではない教育は、全日制高校だけでしか提供されないというわけではありません。定時制高校の教育も学ぶ時間帯は違うかもしれませんが全日制と学び方は同じです。通信制高校の面白いところはそもそもその学び方が異なるという点なのです。

この国の義務教育ではない教育の学習に関しても規定する学習指導要領で、全日制・定時制高校では、学習時間に対して、「一単位時間を五〇分とし、三五単位時間の授業を一単位として計算することを標準」としなければなりません。そして卒業するためには、各教科・科目の単位数並びに総合的な学習の時間の単位数を含めて七四単位以上の履修が必要となっています。通信制課程では、卒業に必要な条件は同じですが、学び方が異なります。それは、高等学校学習指導要領の「第7款 通信制の課程における教育課程の特例」として示されています。この「特例」という部分の響きは何か魅力的ではありませんか。

やはり、そもそも通信制高校は面白いのです。

八．だから今、通信制高校なんだ

「教育課程の特例」である高校通信教育。

この「特例」は何を生み出していくのでしょうか。

これまで、通信制高校に通う生徒数や位置づけ、そして役割や可能性について見てきました。そして、高校という義務教育ではない教育の観点からも眺めてきました。いまや、通信制高校は意外とみなさんの身近なものになってきているという気がしませんか。そして、何か面白そうな気がしてきませんか。それは別世界の特別なものなのではなく、すぐそこにある未来への希望と大きな魅力を抱えたものなのです。


未来予測をしてみます。

「学校の勉強なんか何にも覚えていないよ」

「イヤー勉強嫌いだったな。今でもそうだけど」

「勉強が好きな奴なんていないんだから、嫌でもやらなければならないんだよ。お父さんもそうだった」

このような、よく大人が何気なく自慢げにいうセリフは聞かれなくなります。

何故聞かれなくなるかというと、いわゆる大人が、学ぶことの楽しさや喜びを十分感じてきているからです。お金を払っても学びたいと思い、学びたいと思ったときには街のあらゆるところに学ぶためのリソースがあり、共に学んでいく仲間たちがいるのです。

新たな技能（たとえば楽器、たとえば外国語）を身につけたいと思えば、街の中に教えてくれる人もいれば、共に学ぶ仲間もいる。新たな知識を身につけ世界について考えていきたいと思えば、街の中に教えてくれる人もいれば、グーグルがありとあらゆる情報を整理して示してもくれる。そして、多くの仲間が互いに議論し新たな社会を創っていく。大学でちょっと学んでくるかといって三か月ほど休職してみる。

これが、私のイメージする未来の大人の生活です。

そして、未来の社会には学校があります。小中学校だけでなく、もちろん高校もあります。高校は多様な学びを支える「場」となります。週一日通う生徒もいれば、毎日通う生徒もいます。そして、みんな何らかの社会参加をしています。働いて経済的に自立する生徒もいれば、世界中を飛び回りボランティアに参加している生徒もいます。何しろ、高校は社会に常に開かれた場となっています。なかには悪さをして警察の厄介になる生徒もいます。それを貴重な体験として高校の生活発表会で反省を述べる生徒もいます。

未来の大学は、そこで学ぶ学生の中心が社会人になっています。高校を卒業してすぐに大学に進学する者は少数派です。高校在学中に貯めたお金で日本中をさすらっている者もいれば、海外に行く者もいる。高校時代の延長で何らかの仕事に就く者がごく一般的になります。

いまや、学ぶのなんて辛いから嫌だという大人はまれにしかいません。

この予想は大胆すぎるでしょうか。しかし、今お話ししてきたことはすでに一部は実現してきているのです。また、その方向にすすめたい、すすめようと考えている方はいるのです。二〇〇〇年頃、一五年後にスポーツを中心として若者たちが、日本はもとより世界で活躍するようになると予想した方はいるでしょうか。そして彼らの多くは通信制高校を卒業していると考えていた方はどのくらいいるでしょうか。

この国の高校教育は変わっていきます。唯一無二の一人一人が社会で輝いて活躍できるような高校教育になっていくと思います。そしてその大きなヒントが高校通信教育のなかにあると思うのです。通信制高校のなかに未来があります。

だから、今、通信制高校なのです。

【註】

(1) 二〇一六年度学校基本調査によると、中学校卒業者約一一七万人のうち、高校に進学した者はおおよそ一一五万人で、そのうち通信制高校に進学した者は約二万五千人である。また、高校在籍者は約三六〇万人で(中等教育学校後期課程、高等専門学校一・二・三年、特別支援学校高等部含む)、そのうち通信制高校在籍者は約一八万人で五%を占めている。

(2) 二〇一六年度間の高校卒業者は約一一二万人で、そのうち通信制高校卒業者は約五万人となっている。

(3) 他にも中等教育学校後期課程、高等専門学校、特別支援学校高等部がある。

(4) 広域通信制高校の数値データは、二〇一六年八月に実施された、文部科学省による「広域通信制高校に関する実態調査」結果と、著者(松本)の各学校ホームページ調査による。

第二章　通信制高校の基礎知識

手島　純

はじめに

本章では、第一章で書かれたことに関して、データや法律等をもとに説明していきます。やや硬めのタッチになるとは思いますが、通信制高校を理解するためにぜひおつき合いください。さらに第一章で触れていないことにも必要に応じて言及していきます。

通信制高校の仕組みは、全日制高校や定時制とは違い、「自由度が高い」とか「柔軟である」といわれています。そのため、逆にいろいろな「歯止め」が設けられていて、あまり自由奔放にならないように規制されています。たとえば、水と氷を考えてください。どちらも同じものですが、水は自由奔放、氷は固まっています。それゆえ、水の場合は多くの規制がないとどこに流れていくか分からないのです。柔軟だから規制がある。つまり通信制高校も多くの法的規制にとり囲まれているのです。それゆえ、全日制や定時制にない用語に囲まれています。それがまた、通信制高校理解を妨げる原因にもなっています。本章では「通信制高校の基礎知識」ということで、第一章を受けて、通信制高校の仕組みをさらに説明したいと思います。

一・通信制高校の仕組み

通信制高校という名前を聞いたことがない方は最近では少なくなってきました。しかし、通信制高校がどんな仕組みであるかを知っている方は少ないと思います。全日制高校や定時制高校では、生徒は授業に出て試験を受けて単位を取ってそれを積み上げて卒業、というようにイメージできるかもしれませんが、通信制高校はどういう形で単位を取るのでしょうか。

全日制高校も定時制高校も、そして通信制高校もその仕組みに関しては、高等学校学習指導要領に記載されています。学習指導要領によると「単位については、一単位時間を五〇分とし、三五単位時間の授業を一単位として計算することを標準とする。ただし、通信制の課程においては、第七款の定めるところによるものとする」(原文の数字は漢数字に変更。以下同じ) と書かれています。つまり全日制や定時制では一コマ五〇分の授業を一年間に三五週受けることを標準にして一単位が修得できて、それが積み重なって七四単位以上になれば卒業できるのです。通信制も七四単位以上で卒業ということで変わりがないのですが、単位の取り方が違います。

そこで第七款を見ますと、「各教科・科目の添削指導の回数及び面接指導の単位時間 (一単位時間は、五〇分として計算するものとする。以下同じ。) 数の標準は、一単位につき次の表のとおりとする」と書かれています。その表を見てみますと、通信制の場合は「添削指導」「面接指導」という語句が登場します。添削指導とは生徒が課題レポートを作成しそれを添削してもらうということです。また、「面接指導」とは生徒がスクーリングに行き授業を受けることです。スクーリングは学校だけでなく、いろいろな施設を使って行われることもあります。これらのことをまとめた表 (次頁の【図表2—1】) が学習指導要領にあります。

たとえば、国語を一単位修得するにはレポートを三回 (三通) 提出して添削を受け、一単位時間 (五〇分) の面接指導を受ける必要があります。国語四単位でしたらその四倍で、レポート一二回、面接指導四時間です。全日制や定時制が授業中心なのに対して、通信制ではレポートが中心なのです。つまり、勤労青少年や成人の方が学校に行く時間がなかなか取れないことを前提に、こうした

【図表 2-1】通信制の課程における教育課程の特例

各教科・科目	添削指導（回）	面接指導（単位時間）
国語、地理歴史、公民及び数学に属する科目	3	1
理科に属する科目	3	4
保健体育に属する科目のうち「体育」	1	5
保健体育に属する科目のうち「保健」	3	1
芸術及び外国語に属する科目	3	4
家庭及び情報に属する科目並びに専門教科・科目	各教科・科目の必要に応じて２～３	各教科・科目の必要に応じて２～８

『高等学校学習指導要領』より

仕組みになっているのです。

付言しますと、面接指導は生徒のメディア利用によってさらに軽減されます。ラジオ放送やテレビ放送などの各メディアごとにそれぞれ十分の六以内の時間が免除されるのです。

二、通信制高校のはじまり

通信制高校はどのようにしてはじまったのでしょうか。このはじまりを理解することは、通信制高校の全体を理解する上でとても大切です。というのも、通信制高校は、「教育の機会均等」という考え方を実現するための教育機関として発足したからです。しかし、そのはじまりは通信教育という形で、通信制高校にはなっておらず、それゆえ高校の卒業資格も得ることはできなかったのです。それでも通信教育に対しては大きな期待がかけられていました。

一九四八年二月に出された『中等学校通信教育指導要領（試案）』では「今度あらたに実施される通信教育の制度は、勤労青少年はもちろん、広く一般成人に対してその教育の要求をみたし、進学の機会を与えるという大きな意味を持つものである」

と書かれています。

しかし、実際には順調にいかなかったようです。一九四八年一〇月二七日付朝日新聞に「通信教育は〝開店休業〟」というタイトルの記事が掲載されています。その記事の要旨は以下の通りです。

学校に通えない人に学校で勉強したと同じ機会を与えようと、文部省が学校に依頼し中等学校および新制高校通信教育を始めた。しかし、教科書をはじめ準備がすべて不十分でほとんど授業が行われておらず、文部省は全国の三分の二以上は開校半年後のいまなお〝開店休業〟状態を続けていると見ている。

文部省調査によると、受講生は全国に一万四千人おり、農家や商工業の子弟で、家事を手伝いながら学力を身につけたいと熱望している若い人が多いという。授業がうまく行われない理由としては、通信教育用の教科書として先日やっと国語ができただけであり、また、先生が不馴れなために通信教育用教科書なしには授業をやれない状態にあることがあげられている。

この記事を読むと通信教育がはじまったころの様子や生徒像が分かります。一方、通信教育の関係者は、どうにかしてこの通信教育を高校の卒業資格として認めてもらうようにするために心血を注ぎます。そして、一九五五年四月一日に「高等学校通信教育の実施科目の拡充ならびに同通信教育による卒業について」（文部事務次官通達）が出され、高等学校通信教育のみでの卒業が可能になったのです。

さらに一九五六年には「高等学校通信教育規程」で通信教育も学習指導要領の基準によることになり、一九六一年に「学校教育法の一部改正」がなされ「高等学校には、全日制の課程又は定時制の課程のほか、通信制の課程を置くことができる」ということになりました。これで、高校での通信教育は、通信制高校というかたちで、全日制・定時制と対等の課程として出発することになったのです。このとき、全日制に併設されない通信制だけの「通信制独立校」や全国規模で生徒募集が行える「広域通信制高校」も認められたのです。

三．通信制高校にかかわる語句の整理

通信制高校に関してはあまり耳慣れない語句が出てきますので、整理した方がいいように思います。たとえば、広域通信制といっても具体的な内容はどうなのか、また、サポート校ということばをよく聞くようになったとは思いますが、サポート校とは何なのか、その他、本書で使われるいくつかの語句をあらかじめ説明しておきたいと思います。第一章でも簡単に述べられていますが、ここでは法的根拠をもとに説明していきます。

〈広域通信制高校〉

学校教育法第五四条に「高等学校の通信制の課程のうち、当該高等学校の所在する都道府県の区域内に住所を有する者のほか、全国的に他の都道府県の区域内に住所を有する者を併せて生徒とするもの」とあります。学校教育法施行令第二四条には区域の規定が書かれていて、三つ以上の都道

府県に住所を有する生徒がいるのが広域通信制高校となっています。設置区域内及び他の一都道府県で生徒募集をする通信制高校は、広域通信制高校に対して狭域通信制高校と呼ばれます。文部科学省によると二〇一六年度、広域通信制高校は一〇六校あり（計算方法の違いで一〇五校とする文科省資料もある）、そのうち私立通信制高校が一〇五校、公立通信制高校が一校です。公立通信制高校は大分県立爽風館高校で、大分県内だけではなく他県の一部地域からも生徒募集をしています。

〈株式会社立通信制高校〉

株式会社立高校は、小泉内閣時代に実施された構造改革特区の制度による「構造改革特別区域法」第一二条を根拠に株式会社が設置した学校です。構造改革という規制緩和が教育分野にまで及んだ結果です。今までの私立学校はすべて学校法人立でしたが、二〇〇四年に株式会社立高校がはじめて開校しました。株式会社立高校のほとんどは通信制の形をとり、その数は多いときに二三校までになりましたが、二〇一六年現在は一九校です。そのすべてが広く生徒を募集する広域通信制の形をとっています。

〈技能連携校〉

学校教育法第五五条に「技能教育のための施設で当該施設の所在地の都道府県の教育委員会の指定するものにおいて教育を受けているときは……当該施設における学習を当該高等学校における教科の一部の履修とみなすことができる」とあります。たとえば、ある生徒が専修学校で洋裁を学びながら通信制高校に通う場合、その専修学校で取得した単位が、通信制高校の単位に組み込まれるということです。この専修学校を技能連携校といいますが、もともと技能連携校は、高度経済成長期における企業内施設（学校）との連携が中心でした。

〈協力校〉

協力校に関しては学校教育法ではなく、高等学校通信教育規程に書かれてあります。第三条に「通信制の課程を置く高等学校（以下「実施校」という。）の設置者は、当該実施校の行なう通信教育について協力する高等学校（中等教育学校の後期課程を含む。以下「協力校」という。）を設けることができる。……協力校は、実施校の設置者の定めるところにより実施校の行なう面接指導及び試験等に協力するものとする」とあります。たとえば、実施校だけでは教科担当の教員が不足するために、協力校での面接指導や試験をお願いする制度です。この規程であえて面接指導と試験のあり方に言及しているということは、実施校以外の施設で面接指導や試験をすることに規制をかけていることも意味します。

〈サポート校〉

実施校（本校）・技能連携校・協力校以外で、実施校の生徒に対して学習面や生活面の支援を行う民間施設です。このサポート校には、法的な根拠がありませんので、何の規制もありません。このサポート校はもともと実施校生徒の支援（サポート）ではじまったのですが、サポート校自身が独立した形をとるようになり、その教育内容も問題になっています。サポート校の数も文部科学省は正確に把握していない事態がありました。正式な教育施設ではないサポート校での独自な面接指導や試験は高校の単位認定にはつながらないのですが、そうではない事例が散見されました。

〈サテライト施設〉

サテライトとは衛星という意味で、惑星などの周りをまわっている天体のことです。通信制高校に係わって、技能連携校・協力校・サポート校がサテライト施設と呼ばれています。

以上、通信制高校に関しての語句を整理してきましたが、これらを知ることで、通信制高校のことが少しでも理解できるのではないかと思います。

四．生徒数・学校数の推移

次に通信制高校における生徒数（在籍生徒数）の推移を見ていきましょう。現在までの通信制高校の様子が分かります。全日制高校ですと、高校生年齢期の人口の多寡が、そのまま全日制の在籍生徒数に反映されますが、通信制はそうではありません。通信制に関連する法律やその時々の社会状況によって大きく影響を受けていること分かります。それをグラフ（次頁の【図表2-2】）から読み解いていきたいと思います。

「A」で通信制の生徒数が急に増えています。これは高校生の総数が増えていったこともありますが、一九六一年の学校教育法改正によって、通信教育が通信制課程として出発したことに関係があります。通信制を除いた高校生そのものは一九六五年度を境にして減っていくのですが、通信制

【図表 2-2】高等学校生徒数（全日制と定時制）と通信制生徒数の推移

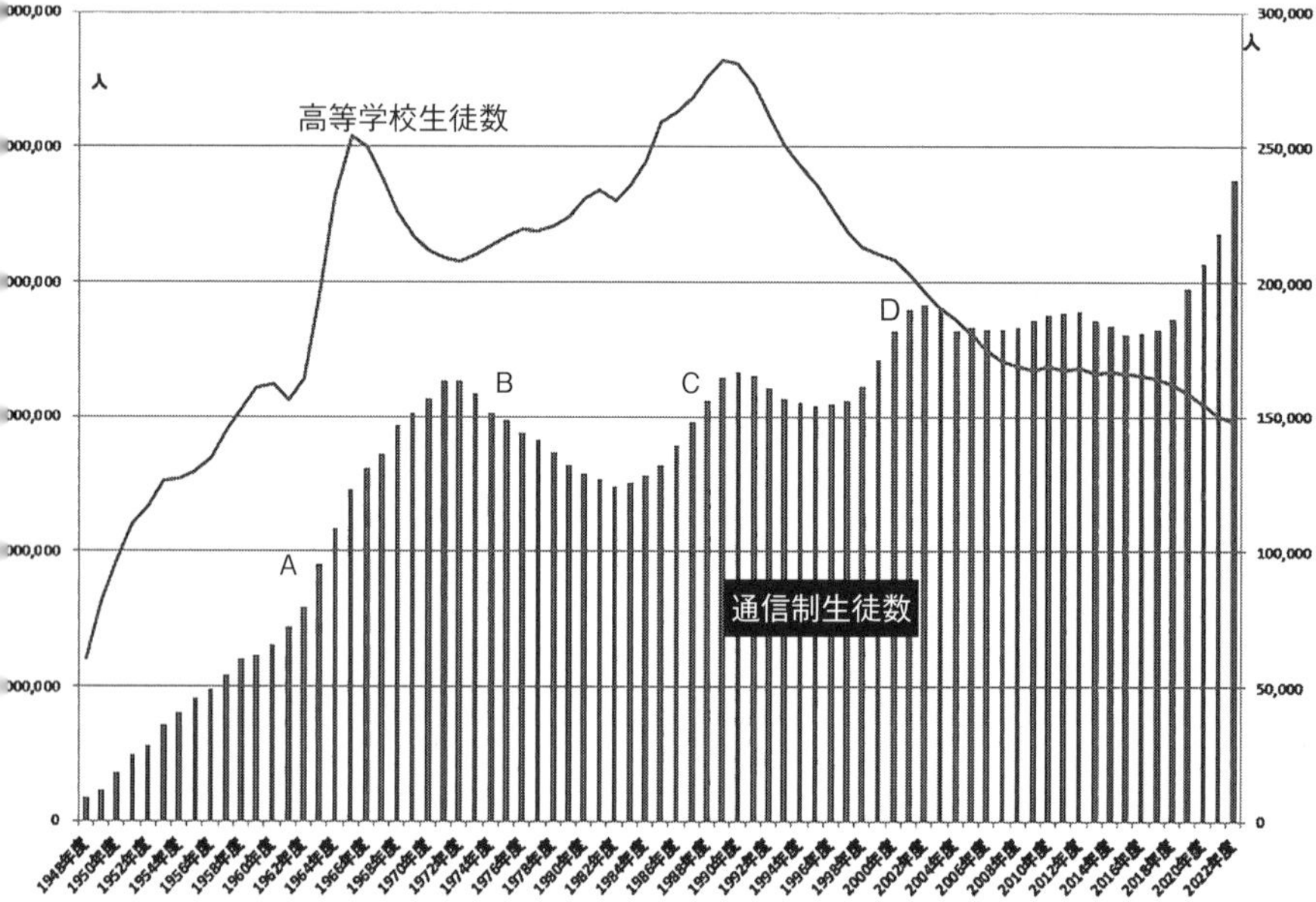

文部科学省『学校基本調査報告書』及び「全通研調査資料」より作成

高校の生徒はその後も増えていることからも分かります。しかし、一九七〇年代に入りますと、急に通信制の生徒数が減っています。これは、一九七三年の石油ショックと関係があると思われます。

高度経済成長時、労働力不足のために各企業は全国から人材の確保をしました。いわゆる、集団就職という形をとったのです。全国から集まった若者たちは「金の卵」といわれていましたが、多くが中学校を卒業して働くことになります。しかし、一方で高校進学者も増え、「中卒」ではなく「高卒」資格が必要となる時代になります。そこで企業は、企業内施設（学校）を立ち上げ、技能連携制度という学校教育法にも認められた制度を利用して、若者に「高卒」資格を与えるようになったのです。

ところが、一九七三年の石油ショックで高度経済成長はストップし、企業は技能連携制度による人材育成をやめていきます。この技能連携制度では、企業で働くことをやめたら、その企業内学校もやめなくてはならず、雇用と教育が混同しているという批判もありました。そんな状況ゆえに、経済の失速が通信制生徒数の失速に結びついていったのです（「B」です）。一方、この時期の高等学校生徒数は上昇していることがグラフから読みとれます。

しかし、一九八〇年代は生徒数が増えています（「C」です）。これは高等学校生徒数も増えている時期ですが、通信制では全日制からの中退者を受け入れる割合も多くなり、通信制の生徒数は急に増えています。その後、緩やかに通信制生徒数は減少していきますが、これは高等学校生徒数が急減期になることと連動しています。一九八九年を境に高校生の総数は減じていく方向にありますが、グラフからも分かるとおり、一九九五年を境に通信制高校の在籍生徒数は減るどころか増えているのです（「D」です）。これはどうしてでしょうか。

【図表 2-3】通信制高校数公立・私立別

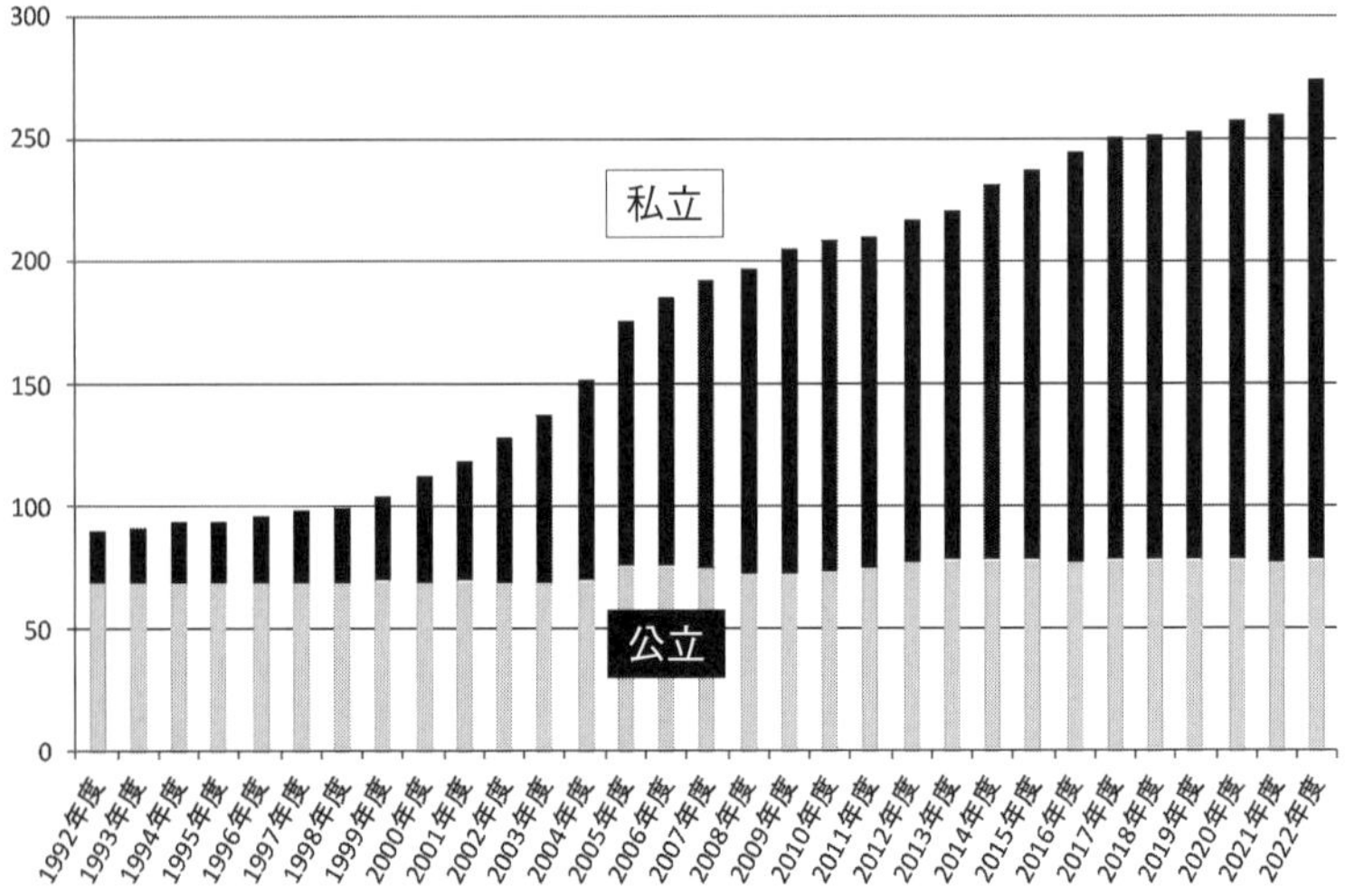

『学校基本調査報告書』より作成

一九八八年に学校教育法が改正され、通信制課程と定時制課程の修業年限が「四年以上」から「三年以上」になりました。全日制が三年で卒業できたにもかかわらず、通信制・定時制は最短でも四年でしたので、大学へ進学したい生徒にとっては不利でしたが、それが改善されたわけです。法律は変わりましたが、学校制度はそのままでしたので、すぐに変化があらわれたわけではありませんでした。しかし、通信制はこの法律に合わせるように学校制度を整備し「三年以上」で卒業できるようにしていったのです。

また、二〇〇三年、「構造改革特別区域法」が施行され、二〇〇四年に株式会社立高校が開校しました。今までの私立高校は学校法人での設立でしたが、規制緩和政策のもとで株式会社立高校が可能になったのです。その多くは通信制高校でした。こうした制度ができたために生徒数も増えたことは否めません。公立通信制高校や定時制・全日制高校にない魅力を打ち出し、生徒が増えていったのです。不登校を経験した者や集団行動・過度な校則に嫌気がさした中学生が、あえて通信制を進路先に選ぶということも出てきたのです。こうしたことが、通信制在籍生徒数を増やしていきました。

次に通信制高校の学校数を見てみましょう。通信制高校数は、二〇〇〇年になってから毎年のように増加してきています。その内訳を見ると、公立通信制高校はあまり変化がありませんが、私立通信制高校が増えていることが分かります。私立通信制高校の内訳をみると、二〇〇三年に「構造改革特別区域法」が施行され、株式会社立高校が誕生することで、私立通信制高校の数を増やしていったのです。二〇一六年現在、私立通信制高校は一六七校あり、そのうち一九校が株式会社立通信制高校です。

五．就学支援金不正受給事件

二〇一五年、株式会社立通信制高校であるウィッツ青山学園高校が就学支援金を不正に受給した事件が多くのメディアで取り扱われました。就学支援金とは国から学校に渡される、いわゆる授業料に当たるものです。これは所得等の関係で高校生全員に行きわたるわけではありませんが、多くの方が利用しています。その就学支援金を目当てに、ウィッツ青山学園高校が違法な受給をしたとして東京地検特捜部が同校の元監査役を詐欺容疑で逮捕しました。

就学支援金は一度高校を卒業した者は対象外ですが、その資格のない高卒者で就学支援金を得たり、「介護施設にいる老人でもOK。外国人でも、アフリカ人でも誰でもいい」（産経新聞）という形での生徒勧誘をしたりということでした。さらにウィッツ青山学園高校の教育内容にも焦点を当て、「ユニバーサル・スタジオ・ジャパンでのお釣りの計算を数学の授業」「移動中のバスで洋画鑑賞を英語にする」ということもやっているという報道もなされました。

この事件は非常に残念です。しかし、この事件が生じたことで通信制高校や通信教育が胡散臭《うさん》い眼で見られることがもっと残念なことです。通信制高校の今までの取り組みが水泡に帰することがないように願います。本章の「通信制高校のはじまり」で記述したように通信制高校は教育の機会均等のために作られた制度です。この制度によって多くの方が学習をする機会に恵まれました。通信制高校がなければ、たとえば戦争のために学校に行けなかった人、家庭の事情で高校に行けなかった人、不登校だった人、中退した人はどうすればいいのでしょうか。全日制はちょっと無理、定時制も大変という状況で、通信制が実質的に教育の機会均等を保障してくれるのです。

じつは、筆者（手島）はこの事件について、二〇一五年一二月九日のNKHニュースでコメントをしました。この事件が通信制高校全体のイメージダウンになることを恐れて、通信制高校が教育の機会均等を保障する学校制度であるということを前提に今回の事件の問題点をあげました。私は三〇分ほどカメラの前でしゃべりましたが、公開された映像は三〇秒程度でした。しかし、その取りあげられた部分は私が言いたいことでしたので、まあよいのですが、ちょっとおもしろいエピソードを紹介します。

NHKの報道関係者が私の所に来て、今回の事件は広域通信制高校の問題だという形で話していました。広域通信制高校に対して否定的な感じでしたので、私は「ＮＨＫ学園も広域通信制ですよ」と言いましたら、絶句していました（と思われました）。今回の事件は、広域通信制高校のなかの株式会社立高校の問題ではないかと思っています。その株式会社立高校すべてで今回のような問題が起きる訳ではありませんが、構造的に起きる可能性があるのではないかと思ったのです。株式会社立通信制ができたときは、その理念は私なりに評価できたのですが、利潤ということがついてまわる「株式会社立」ということに危惧はありました。また、この事件は、ウィッツ青山学園高校の元監査役の個人的な犯罪だという見方もできるでしょう。じつは、この事件をどう見るかは難しい問題で、メディアも混乱していますし、文部科学省もきちんと分析的なことを言っていません。文部科学省も株式会社立高校の設置を認めたわけですので、あまりそうした視点は触れたくないのかもしれません。

しかし、この問題を放置できないと、全国高等学校通信制教育研究会は、「通信制高等学校の適正化を求める声明――通信制高等学校における教育の充実・発展のために――」を発表し、文部科学省も「広域通信制高等学校の質の確保・向上に関する調査研究者協力会議」を開催して、最終的にガイドラインを作成しました。この調査研究者協力会議を何度か傍聴しましたが、広域通信制高校と株式会社立通信制高校を分けての議論はあまりありませんでした。

それはともかく、「高等学校通信教育の質の確保・向上のためのガイドラインの策定について」という文部科学省の通知を本書の文脈でまとめると以下のようになります。まず、ウィッツ青山学園高校に対しては名指しで「違法・不適切な学校の管理運営に起因する問題」とした上で、以下のことなどをガイドラインとして提示しました。

①連携施設（本書では「サテライト施設」）に対して教育行政は実態把握すること。
②添削指導・面接指導・試験は実施校（いわゆる本校）の教員が行うこと（校長の監督権が及ばない連携施設の者に実施させないこと）。
③生徒募集を適切に行うこと。
④教育基本法、学校教育法、高等学校学習指導要領に従い、適切な教育課程を編成すること。

以上、当たり前の話ですが、「通信制高校の基礎知識」の章でこういう事件について語らざるをえないのは、非常に残念なことです。しかし、これも含めて通信制高校の現状なのです。

六．公立通信制高校の取り組み

公立通信制高校は、その多くが各都道府県の伝統校にありました。つまり伝統のある古い学校に全日制課程とともに通信制課程があったのです。関東を見渡しても、たとえば東京でしたら都立上野高校、神奈川県でしたら県立湘南高校、千葉県でしたら県立千葉東高校、群馬県でしたら県立高崎高校といった具合でした。そこには伝統ある学校として通信制課程が全日制課程と共存し、その学校にふさわしい教育内容で学習が進められていました。ただし、全日制は入学が難しく、通信制では卒業が難しい状況でした。しかし、近年は多様化路線のもとで、伝統校との共存から独立校や新しいコンセプトの通信制高校に様変わりしていき、かつての状況は消えつつあります。

　そんな公立通信制高校においては教育の機会均等を保障するために多くの取り組みがなされました。そのなかで、特筆すべきことは、託児室の設置と少年院でのスクーリングだと思います。

　託児室が高校に設置されているというのは驚きでしょう。高校にそういうものがあるなんて想像もできないかもしれません。子どもをもつ親が高校で学びやすいように配慮がなされているのです。親はスクーリングに際して子を預け、帰りに引き取ります。親が学習している間は担当の者が子どもたちの面倒を見て、昼休みは親が一時的に子を引き取り一緒に昼食等をとります。高校の一教室から子どもたちの笑い声が聞こえてくる風景に、ここは生涯学習の場なのだなと実感するものでした。しかし、この託児室は行政が制度的に保障しているのではなく、各通信制高校がボランティア的な形で運営していますし、事故があったら大変ということで、存続を巡り議論もあります。こうした制度を行政がしっかり保障することが必要だと思います。

　また、筆者が通信制高校に勤務していたころ、もっと驚いたことに栃木県立宇都宮高校通信制の教員が少年院に行って、授業（面接指導）をしているということがありました。これには本当に驚きました。まさに「更生機能としての通信制高校」です。他にも岩手県立杜陵高校、奈良県立大和中央高校、長野県松本筑摩高校の通信制課程が少年刑務所と連携しています[1]。

　もうすでに古い話ですが、筆者は広島県立福山誠之館高校（現在、独立して東高校）を学校見学しました。そのときの通信制高校の先生たちは、離れ島に行ったり、被差別部落に出かけたりして、面接指導をしていました。学校に生徒を来させるだけではなく、自ら出かけていって学習を保障していたのです。まさに「いつでも、どこでも、だれでも」という通信制の熱い思いが伝わってきました。

公立通信制のこうした取り組みは、忘れてはならないものだと思います。

七．進化する通信制高校

現在、通信制高校はどんどん進化し、新しいコンセプトの学校ができています。たとえばカドカワによる「N高校」がそうです。この学校は動画サイト「ニコニコ動画」を運営するドワンゴと出版社ＫＡＤＯＫＡＷＡが経営統合した「カドカワ」によって作られた私立通信制高校です。この学校は、学校法人立で株式会社立ではありません。N高等学校の学校案内には「N高等学校はネットの高校です」ということで以下のようなことが書かれてあります。

今のネット社会に対応した新しい高校です。学校の授業も、レポート提出もネットで行います。ネットなので時間は問いません。自分のペースでいつでも授業を受けることができます。メールでいつでも質問もできます。そして、ふつうの学習にプラスしてプログラミングやファッション、ゲーム、美容など多くの授業もネットで学べます。N高は次世代の新しいカタチの高校としてネット社会に必要な多くのことをネットで学べます。

この学校では学習指導要領による学習をさっさと済ませ、それ以外の時間をプログラミングや美容、さらに大学受験に使っていくという「前向きな」コンセプトで作られた学校です。講師陣も現役の作家やゲームクリエイターなど豪華で、なかなか一般の学校ではできないなという印象ですが、こんな学校も通信制高校として登場したのです。二〇一六年にはじまったばかりの学校ですので、よく分からない点も多いのですが、進化する通信制のひとつではないでしょうか。

第一章でも書かれているように、通信制高校のなかでは野球やサッカーも全国大会で活躍する学校も増えてきています。全日制高校に比べて、通信制高校では拘束される時間が少ないため、多くの時間を他のことに使えます。じつは、定時制も全日制に比べれば拘束時間が短いのです。その時間を使って多くの生徒は働いていたわけです。通信制でも同じです。しかし、今は社会状況も生徒像も大きく変化してきています。今の社会にあった学校への模索があってしかるべきだと思います。

【註】

（1）上野昌之「学習の権利から考える通信制高校の生徒の広がり」『平成27年度　日本通信教育学会　研究論集』日本通信教育学会、二〇一六年

【参考文献】

全国高等学校通信制教育研究会『高校通信制教育三十年史』日本放送出版協会、一九七八年
手島純『これが通信制高校だ』北斗出版、二〇〇二年

第三章　高校教育における通信制高校の役割

井上恭宏　手島　純

はじめに

本章では、高校教育全体における通信制高校の役割について考えていきます。具体的な役割だけではなく、通信制の存在意義ということもテーマとなります。

まず、全日制高校や定時制高校の様子を記述したあと、通信制高校の特徴を全日制、定時制との比較を通して整理していきます。全日制、定時制との違いから高校教育における通信制高校の役割が見えてくるはずです。その後、通信制高校のシステムに焦点を当てながら、高校教育における通信制高校の存在意義について考えていくことにします。

一・全日制高校や定時制高校の様子

全日制高校がどうなっているかを簡単に紹介したいと思いますが、全日制高校は多様化がすすみ、一律にこうであるとは断定できない状況です。それゆえ、こんな傾向になっていますよということで了解してください。

全日制高校を分類する場合、さまざまな切り口があります。たとえば、普通科と職業科で分けられるでしょうし、学年制をとっている学校と単位制をとっている学校というような形でも分類が可能です。しかし、ここでは、入学時における難易度で、「進学校」と「その他の学校」という形で分けたいと思います（ただし、この分け方は変動的で「分類」に値しないかもしれませんが、ここでの文脈では必要です）。

進学校は古くからある学校が多く、校則でしばられずに自由な校風のもとで、生徒は学校生活を謳歌するというものでした。文武両道を標榜する学校も多く、大学進学率も高いのが特徴です。進学校だけあって生徒の成績はよく、生徒はけっこう優越感をもっています。また、進学校の教員は、いわゆる生徒指導に追われることなく、行事も生徒主体なので、のんびりと授業をしていました。

しかし、近年はその光景が変化しています。大都市を中心に公立の進学校では「教育改革」のあおりで、競争が激化しています。つまり、どれだけ難関大学に入れるかの競争が学校全体で取り組まれ、かつての進学校ののんびりとした雰囲気がなくなってきているようです。とにかく「競争、競争」で、生徒の自主性はどこに行ったのでしょうかという感じです。伝統的に引き継がれてきた自由な雰囲気の校風は廃れています。こうした学校に在籍している生徒のなかには心のバランスを崩している生徒も出てきています。

一方、その他の学校では、いわゆるゼロ・トレランス（非寛容）な生徒指導が広がりはじめています。校則で過剰に生徒を縛る生徒指導は、「校門圧死事件」（一九九〇年、遅刻した生徒が、教員によって閉められた校門の門扉で圧死した事件）で一時なりをひそめていましたが、今は管理的な生徒指導が広がっています。服装や頭髪の指導も厳しくなり、守れない生徒は再登校ということで学校には入れずに帰宅させる指導法がとられる場合もあります。いわゆる中堅校といわれている学校でも「学校のレベル」「生徒の質」を落とさせないために、勉強も生徒指導も厳しくなって生徒の不満もたまっています。

こうしたなかで全日制高校に嫌気がさして中退する生徒は少なくありません。また、そうした学校の指導法だけではなく、毎日学校に行って、集団で授業や学校行事を行うということ自体に生徒が耐えられないということも起きているのです。

定時制は全日制とはかなり様子が違いますが、それでも毎日学校に行って集団で授業を受けるパターンには変わりがありません。定時制では今やかつての勤労青少年という生徒像ではなくて、全日制高校には学力的に入学できないとか不登校であったとかの理由で入学する生徒が増えてきているのです。夜間定時制の場合、昼間に働いている生徒は多いのですが、かつてのように定職はなく、多くが非正規雇用です。

よく定通教育といって、定時制と通信制をひとくくりにすることで、全日制との違いを表してきました。しかし、それは定時制も通信制も生徒が成人や勤労青少年といった時代の産物です。学校のシステムでいえば、「全日制・定時制」VS「通信制」なのです。現代はそうした切り口で考えた方が、通信制の理解がすすむように思います。

二、全日制、定時制と異なる通信制

全日制、定時制は登校して一斉授業を受けることによって学習をすすめます。一斉授業は効率よく学習をするための方法で、「ベル・ランカスター教授法」と関連が深い授業方法です。考案したイギリスのアンドリュー・ベルとジョセフ・ランカスターの名前が使われています。これは、たくさんの子どもを効率的に教育する方法で、同一教材による一斉授業を行います。それまでは一斉授業というより個人授業が主でしたが、産業革命後、効率よい授業方法として広がっていきました。日本でも江戸時代は手習い塾での授業のように、個別でそれぞれの課題を学習することが一般的でした。しかし、明治時代に学制が公布され、近代学校が制度化されるなか、効率よく知識を伝える一斉授業が普及します。

これに対して、通信制では、レポートによる自学自習を中心に、スクーリングにも参加しながら学習をすすめていきます。スクーリングは本来、一斉授業より個別指導が中心です（通信制ではこうした個別指導を面接指導と呼んでいます）。

一九四六年の文部省社会教育局調査課資料「通信教育に関する参考資料その一――本邦における沿革及び現況――」では、通信教育の特徴として次の七項目をあげています。この七項目は、通信教育の原点でもあり、現在にも通じるものです。

（一）場所の制限を受けないからどんな山間僻地までも普及出来る。
（二）時間の制限を受けないから何時何所ででも学習する事が出来る。
（三）経費が安いから富裕でない者でも教育を受ける事が出来る。
（四）設備が要らないから人数に制限なく教育を受ける事が出来る。
（五）学校教育を終えた成人や家庭にある婦人が手軽に教育を受ける事が出来る。
（六）学校教育を受けつつある者もその学習を補い、或いはその他の技能を学び得る。
（七）自学・自習の良習慣を涵養し、系統立った読書による知識の統一を促す。

この七〇年前の文書には、「いつでも、どこでも、だれでも」という通信制の考え方がすでに示されています。ベル・ランカスター教授法の場合、きまった時間に、きまった場所で、集団的に学習がすすめられていきますから、通信教育の考え方は、ベル・ランカスター教授法とはかなり違っています。

全日制、定時制は、一斉授業が中心ですが、通信制はレポートによる自学自習が中心で、学習進度も生徒一人ひとりによって異なります。レポートを通しての学習という面では、生徒と教員は一対一で向き合うことになります。

通信制は、もともと全日制や定時制に通うことのできない人のために生まれたもので、その柔軟なシステムを提供することが通信制高校の高校教育における役割だということになるでしょう。また、そうした通信制高校のシステムのなかに、学ぶ人の主体的な学習を立ち上げ、自ら学習する力をつけていく学び方が埋め込まれているということができます。それでは、通信制のシステムについて見ていきましょう。

三、通信制高校のシステムとその意義

学ぶ人の主体的な学習を立ち上げ、自ら学習する力をつけていく通信制のシステムとは、どのようなものなのでしょうか。ここでは、「加点法」「ゆっくり学ぶこと」「生徒と教員の関係」の三つの点から通信制高校のシステムの意義について考えていきます。

(一)加点法

通信制高校の単位修得は、「レポートを提出すること」「スクーリングを受けること」「試験に合

格すること」の三つによって行われます。この三つは減点法ではなく、加点法ですすめられていきます。通信制はレポートを合格させないと単位修得につながりませんから、レポートを提出しなければ、どんなに能力があっても単位修得には至らないという厳しい現実があります。その一方で、この厳しさと明確さが生徒の頑張りを引き出しているともいえます。

「教育困難校」などでは、減点法のなかで、生徒が進級や卒業にかかわって心理的に不安定になって苛立ちを見せたり、教員に対してわがままに振舞ったりすることがあります。「おい、なんでオレに赤点をつけたんだよ！」と生徒が教員にくってかかるといったこともあります。通信制の場合、自分の学習進度が明確に分かるために「学習したのか、しなかったのか」を自分のこととして受け止めることができます。「やったら、できた」「やらなかったから、できなかった」というシンプルな自己評価が頑張りを引き出すということがあるのです。そして、その結果は、「先生のさじ加減」などではなく、「やったら、できた」という自分の達成としての深い満足感へとつながっていきます。

（二）ゆっくり学ぶこと

フルタイムの登校を強制しない通信制には、自分自身の学びを自分自身のペースで作り上げることができるといった特徴があります。それは、「集団のなかで求められるみんなと同じスピード」から遅れてしまう人、ゆっくり学び、ゆっくり成長する人にとって有効なものとなっています。学習が遅れてしまい、学習がとまってしまったとき、自分自身のペースで学習を再開し、学習をつづけることができる通信制の学び方は有効に機能するようです。

小学校や中学校時代に不登校を経験した生徒は、学習が遅れているケースが多いといえます。たとえば、そうした状態にある中学生が、「みんなと同じスピード」で一斉に進む高校の学習にしり込みするのも無理からぬことです。そうした生徒にとっては、ゆっくりと学びつつ、主体的に、自ら学習する力をつけていくことができる通信制のシステムは好都合だといえるでしょう。

（三）生徒と教員の関係

通信制高校のシステムについて、生徒と教員の関係から三点にわたって指摘してみます。

・個に応じた支援がしやすい

通信制高校の場合、通信制の柔軟な学習の仕組みを用いることで、生徒個々の特性や課題に合わせた個に応じた支援がしやすいということがあります。たとえば、体育が苦手な生徒に対しては個々の生徒の状況に応じた個別の対応などの工夫が柔軟に試みられていますし、学校に通いにくい環境にいる生徒に対しては出張スクーリングで面接指導を行うこともできます。

・生徒と教員のつながりが深くなる場合がある

全日制、定時制では、「通信制は冷たい学校だ」「通信制は先生と生徒のつながりがうすい」といった声を耳にすることがあります。それでも、通信制という場によって、生徒と教員のつながりが深くなるということがあります。生徒と教員は、レポートを通して一対一で向き合うことになりますから、教員も生徒を集団としてとらえるのではなく個としてとらえるようになります。レポートのやりとりや面接指導のなかで、「全日制では先生とはまったく話をしなかったけれど、通信制に来てからは先生とよく話をするようになった」という生徒の声も出てきます。

・生徒と教員とが同じ方向を向いた関係になる

レポートによる自学自習を中心とする通信制では、教員が生徒の学習を支援するとき、「教える」ということと同時にレポートに「一緒にとりくむ」という雰囲気が出てきます。生徒と教員とが一緒になってレポートと格闘するといったあり方です。そこでは、教える者と教えられる者という関係が相対化され、ともに学ぶ仲間ともいえる関係が生まれます。

以上、生徒と教員の関係を見てきましたが、通信制の場合、生徒と教員が対立的な関係にならないシステムになっていることが分かります。中退や不登校などの問題が生徒と教員の関係性から生じることもあり、それが極端にデフォルメされて世間から叩かれることも少なくないなか、通信制における「生徒と教員の関係」は一考に値すると思います。

四．少数派としての通信制

通信制高校の入学者や在籍者・学校数が増加しているとはいえ、実際の高校教育の現場では、やはり通信制は少数派です。そのため、通信制高校の内実は教員の間でもあまり知られていません。全日制高校の職員室には「私立通信制高校への進学ガイドブック」といった書籍を常備しているところが少なくありません。生徒が進路変更を余儀なくされるような課題に直面したときに、転出先の情報を得るために利用します。たとえば、全日制で、生徒が体調や精神的な面でフルタイムの登校ができなくなったり、経済的な事情などによって在籍している高校で学びつづけることができなくなったりしたときに、通信制が参照されるのです。全日制高校に在籍している生徒がメンタル面での不調を覚えて通信制に編入するといったことなどは、典型的なケースだといえるでしょう。この先の高校教育をどう保障するのかといったときに、通信制高校の存在が浮上してくるのです。

何らかの事情で高校に通えなくなった生徒にとって、高校卒業の資格は今でも重要なものとなっています。高校卒業程度認定試験に合格すると「高校卒業程度認定試験合格者」として文部科学省から認定を受けることができるのですが、これは高卒資格とは異なり、大学や専門学校へ進学するための資格でしかありません。高校卒業程度認定試験に合格していても上級学校に進学しない場合の最終学歴は中学卒業となりますから、とくに上級学校に進学しない生徒にとって高校卒業資格は重要になってきます。

なにごともなく高校に通っていた多数派の生徒が、何らかの事情で通信制高校の門を叩くことになる。そうした生徒を受け止める側の通信制高校では、「通信制高校があってよかった」という声を聞くことになります。

五．通信制における、不登校、校内暴力、いじめ、中退問題

「高校教育の主流ではない通信制が、じつは、不登校や校内暴力やいじめなど、さまざまな教育問題の解決策を探し当てるためのヒントになるのではないか」という意見があります。それという

のも、通信制高校では、不登校、校内暴力、いじめ、中退問題といった教育問題が「無化」されてしまう（意味をなさない状態になる）ということがあるからです。

不登校についていえば、通信制の場合、フルタイムの登校が求められないので欠席という概念が成り立ちません。スクーリングへの参加は、面接時間数の取得として単位修得のためのポイントとして記録されていきます。「加点」ということです。欠席という概念がないために不登校という状態が発生しないのです。それでは、「不登校状態を黙認しているだけではないか」といわれそうですが、一回でもスクーリングに参加すれば、それが単位修得に向けての足がかりとなります。学校に行けない状態を「減点」していくのではなく、スタート地点として見て、そこから動き始めるという考え方に立てるということでもあります。

次に、校内暴力について述べます。前述したように通信制では生徒と教員とが敵対的な関係になりにくいということがあります。生徒と教員は、単位修得、卒業に向けて、同じ方向を向いて動いていきますから、生徒は教員を「活用」してくれます。また、生徒に、レポートと教科書という教材とともに学習の主導権を預けてしまいますから、教員は学習活動以外の生活指導面で、生徒への不必要な強制や介入をしなくてすみます。そのため、生徒の教員に対する暴力が起こりにくい状態になるのです。表現は悪いのですが、学校で暴れてやろうと思って入学してきた生徒が、暴れるきっかけを見つけられず「なんだ、つまんねえな」といって「おさまりをつける」といったこともあるのです。

いじめについてはどうでしょうか。通信制は、集団での行動の場面がほとんどありません。スクーリングもメンバーが入れ替わります。必要最低の面接時間数を取得したことでスクーリングに参加しなくなる生徒もいますし、講義が面白くなってスクーリングの常連になる生徒もいます。生徒たちには、単位修得をして、高校を卒業するという共通の目的があります。そのため友だちづくり、仲間づくりの優先順位は低くなる傾向があります（友だちづくり、仲間づくりの優先順位が高い生徒は、学習がすすまなくなる傾向があるということでもあります）。集団でフルタイムに行動する仲間というものが成立しないため、仲間はずれやからかい、無視などといったいじめが起こりにくいということがあります。

最後に、中退問題についてです。高校をドロップアウトした生徒が、通信制に転編入した後、結局、学習活動をせずに卒業にいたらないまま除籍される。これは、二重の中退ということになりますから、通信制の役割が果たされていない事態であり、重く受け止める必要があります。ただし、通信制からのドロップアウトと全日制、定時制からのドロップアウトとは、その性格がやや異なります。とくに全日制では、留年が中退に直結する傾向があります。集団から遅れ一緒に行動できなくなったことによって退学することになるのです。通信制の場合、まず、同一の年齢集団とは関係のない個として活動するところから始まりますから、通信制での活動が進まないことの意味は、やはり全日制、定時制からの中退とは異なります。少なくとも、通信制の場合は留年が中退へと結びつくというあり方自体が存在しないということになります。通信制での学習が進まない生徒についての対策がどのようにとりくまれているのかは、次の節で考えていきます。

公立通信制高校が「自己を回復していく場」となっているという指摘があります（第四章）。それは、個の生活や学び、リズムやペースを大切にしている通信制のシステムのなかで、個が回復されていくということと関係しているようです。言い方を換えると、通信制高校は、生徒を個と見ることで「大人にしてしまう」学校ということができるかもしれません。

六．何かをしながら学ぶ

通信制高校は、働きながら学ぶ人のための学校として発展してきた歴史があります。それは、「何かをしながらの学び」ということです。前出の文部省「通信教育に関する参考資料その一」の㈥でも、通信教育は「学校教育を受けつつある者もその学習を補い、或いはその他の技能を学び得る」としています。この「何かをしながら」の部分、「その他の技能を学び得る」の部分に、これまでさまざまなものが「代入」されてきました。通信制高校と技能連携施設との関係では、たとえば、理美容の技能を学びながら、裁縫の技能を学びながら、看護の技能を学びながら、通信制高校の学習が行われてきました。そして、現在では、不登校の経験がある生徒が、コミュニケーション・スキルやソーシャル・スキルを学びながら、通信制高校の学習に取り組んでいます。平日に学習支援を受けながら、就労移行支援を受けながら、メンタル面でのケアを受けながら、といった新たなプログラムの提供を受けながらの通信制高校での学習活動が展開されつつあるのです。通信制高校での学習がすすまない生徒への対策として、日曜のスクーリングの他に平日に生徒の学習を支援する公立校も出てきています。こうした動きは、通信制高校のシステムを軸として、登校しながらもフルタイムの登校を求められない、新しい学び方の試みといえるかもしれません。

七．生徒を受け止め、発信する通信制

通信制はその柔軟なシステムから、時代ごとのさまざまな教育課題に対応する役割を担ってきました。たとえば、一九八〇年代の「中退問題の時代」においては、転編入生の「受け皿」の役割を担いました。通信制の仕組みを活用して、全日制、定時制に行くことができない人たちを受け止めつづけてきたのが通信制だといってよいでしょう。そこには、時代ごとに変化する高校教育の課題が見え隠れします。さまざまな課題を受け止めるとき、通信制高校は、「いつでも、どこでも、だれでも」の通信制の原点に返ることになります。この原点に立ち返ることで、未知の課題に向き合うことができるのです。

さまざまな意味でのマイノリティが集う通信制には、排他的（exclusive）な状態から包摂的（inclusive）な状態へと進む方向性があります。さまざまな課題を抱えた生徒を受け止める通信制高校が受け止めた生徒の課題を隠してしまえば、それはまさにブラック・ホールです。たとえば、性的少数者であることで学校に居づらくなり、フルタイムの登校ができなくなった生徒を受け止める通信制高校は、教育の現場におけるこのような現実を社会に伝えていかなければなりません。通信制高校は、受け止めた生徒たちとともに通信制のシステムを用いた工夫をつづけ、また、現在の高校教育の課題について発信していく必要があるのです。病い、障害、貧困の連鎖などの社会的な諸課題や外国につながりのある生徒が抱える課題への対応、自立と社会参加を目指す就労支援、医療や福祉と教育との連携など、さまざまな課題を通信制高校は受け止めています。こうした高校教育の課題について発信していく。これもまた、高校教育における通信制高校の存在意義の一つだとい

えるでしょう。

【参考文献】

阿久澤麻理子［研究代表者］『通信制高校の実態と実践例の研究』二〇一五年
手島純『これが通信制高校だ』北斗出版、二〇〇二年

第四章　公立通信制高校

井上恭宏

はじめに

本章では、公立通信制高校について見ていきます。どのような制度のもとで、どのような学習が行われているのかの紹介になります。

通信制高校は「高校教育における学びのセーフティネット」、あるいは「最後の砦」と呼ばれます。通信制高校は、教育の機会均等を求める教員たちの熱い思いによって制度化され、全日制や定時制に通うことのできない人たちを受け止める学校としての歴史を刻んできたからです。「いつでも、どこでも、だれでも」は、公立通信制高校の目指すべき価値として、いまも生きつづけています。

二〇一六年現在、中学校を卒業して通信制高校に進学する生徒は約二万人（中学校卒業者の二・一%）となっています。これは、中学生の四七人に一人が通信制高校に進学しているということです。公立通信制高校は、私立通信制高校の増加（私立通信制高校の設置数が公立通信制高校の設置数を超えたのは二〇〇〇年）によって、すべての通信制高校の約三割（二四四校中七七校）へと割合を減少させているのですが、公立通信制高校に学ぶ生徒の数は通信制高校に学ぶ生徒全体の四割近くにのぼりますから、公立通信制高校を見ることで「通信制高校の基本的な型」を理解することができるといってよいでしょう。

それでは、まず、公立通信制高校の制度的な枠組みから見ていきましょう。

一・公立通信制高校の制度的な枠組み

通信制高校がどのような学校なのかはイメージしにくい、といわれます。通信制で学ぼうとするとき、どのような学習内容を学ぶのか、どれくらいの学費負担があるのか、どういった場所で学ぶのかは、やはり気になるところです。ここでは、公立通信制高校の制度的な枠組みとして、(一)教育課程、(二)学費、(三)環境・教育条件と教職員の配置、といった順番で概観していきます。

(一)教育課程

第二章「通信制高校の基礎知識」でも記されていますが、通信制における学習は学習指導要領の基準(第一章総則　第七款通信制の課程における教育課程の特例)に則って行われます。

全日制、定時制の学習と通信制の学習を具体例をあげて比較してみます。地理歴史科の科目である世界史Aを例にとると、二単位科目の世界史Aは、全日制、定時制の場合、一年間に七〇時間の授業を受ける(週二時間の授業を三五週受ける)ことで単位を修得します。他方、通信制は、六回の添削指導(レポートを提出して添削指導を受けること)と二回の面接指導(スクーリング)を受けることで単位を修得していきます。このように、全日制、定時制は登校して授業を受けることによって学習をすすめ、通信制はレポートを中心とした自学自習を中心に、スクーリングにも参加しながら学習をすすめていきます。

通信制の学習は「教育課程の特例」とはいえ、学習指導要領の規定によってすすめられており、全日制や定時制と同じように高等学校を卒業するための必履修科目の履修や七四単位の修得といった要件は同じになっています。通信制は、全日制、定時制と比べ、その学習スタイルが大きく異なっているのですが、「特例」のなかで「全日制や定時制と同じ高等学校」として位置づけられているのです。言い方を換えると、全日制や定時制と異なるスタイルの学習によって「自ら学習する力」をつけていく高等学校が通信制だということもできます。

(二) 学費

高等学校で学習する場合は、授業料などの学費がかかります。公立通信制高校の学費は、授業料ではなく、受講料という形式をとります。各都道府県教育委員会が受講登録一単位あたりの費用を設定します。現在は、一単位あたり一七五円から七〇〇円となっているようです。たとえば、世界史A（二単位）だけを登録するとして、受講料一単位あたり三〇〇円の学校の場合の受講料は六〇〇円となります。公立通信制高校では、一般に一年間に学習する単位数の上限は三〇単位程度になりますから、受講料の最大を見積もると、三〇単位×七〇〇円＝二万一千円となります。公立全日制高校の授業料は年間で一二万円程度なので、公立通信制高校の最大の二万一千円と比較しても、公立通信制高校はかなり安価だということが分かります。受講料のほかに、各学校は諸経費を徴収しますが、公立通信制高校の場合、一般的には年間で数千円となっています。公立通信制高校の学費の安価さは草創期から一貫したものといえますが（現在、通信制高校においても就学支援金制度が適用されています）、経済的格差や貧困が社会問題になってきている昨今においては、「高校教育における学びのセーフティネット」としての重要な特徴の一つとなっています。

（三）環境・教育条件と教職員の配置

ここでは、公立通信制高校の学習を支える環境・教育条件と教職員の配置について見ていきます。
戦後にスタートした公立通信制高校の多くが、各県の既設伝統校の併置校としてスタートしています。既設伝統校は定時制を併置していることもあり、定時制との連携からスタートした通信制が既設伝統校に設置されてきたということでもあります。併置ということでいえば、全日制・定時制との「同居」はお互いに気を使うこともあり、占有スペースの確保が通信制側からの課題となっています。他方、一九九〇年代からの高校教育改革（後述）のなかで、公立の通信制独立校が設置されるケースが出てきました。こうした公立通信制高校は、首都圏を中心に全国で数校見られます。また、私立通信制高校のように駅に隣接したビルに施設を置く公立通信制高校も見られるようになってきています。なお、一九六三年に開校した埼玉県立浦和通信制高等学校が公立の通信制独立校の最初のものです。

公立通信制高校の教職員定数は、「公立高等学校の適正配置及び教職員定数の標準等に関する法律」によって定められています。生徒数によって教職員数の配置が変化し、生徒数が一～六〇〇人の学校の場合は生徒四六・二人に一人の教員、生徒数が六〇一～一二〇〇人の学校の場合は生徒六六・七人に一人の教員、生徒数が一二〇一人以上の学校の場合は生徒数一〇〇人に一人の教員という規定になっています。これは、学校全体の生徒数が多くなるほど、教員一人あたりの生徒数も多くなるという考え方に立った規定です。全日制は、生徒数二〇人に一人の教員という規定になっていますから、公立通信制高校の、とくに数千人規模の学校の生徒数に対する教員の割合はかなり少ないといえます。少ない教職員で教育活動ができるという点で「教育行政的には、コストパフォーマンスが高い」公立通信制高校なのですが、それは、生徒へのきめ細かな指導が行き届きにくくなり、教職員への負担が過重なものとなるということでもあります。とくに、通学型の機能をもつ公立通信制高校の教職員配置については、標準法の改正なども含めた対応が必要になってきています。

次に、このような制度のもとで、どのような生徒たちが学んでいるのかについて見ていきます。

二・通信制で学ぶ生徒たちの変化

ここでは、公立通信制高校に学ぶ生徒たちの様相とその変化について見ていきます。また、そうした様相の変化を見ていくなかで、「公立通信制高校の変化しないあり方」にも触れていくことになります。

一九八〇年代まで、公立通信制高校には成人の生徒が多数在籍していました。とくに一九六〇年代の高度経済成長期に、中学を卒業した人が「金の卵」として、働きながら学ぶ通信制に入学していくということがありました。その後、一九八〇年代の後半から通信制高校に入学してくる生徒の年齢構成や特性が変化し、不登校経験者や障害のある生徒、中学校新卒者などが増加していきます。また、このころから入学する生徒数そのものが増加し、転入（在籍の切れ目なく学校を移ること）や編入（高校を退学して、別の高校に入学しなおすこと。退学した学校での修得単位などの実績を持って入学できる）の生徒も増加していきます。一九九〇年前後には、全国の通信制の在籍生徒数が定時制の在籍生徒数を上回るようになりました。首都圏のある公立通信制高校の場合、一九八三年の生徒の平均年齢は二八歳だったのですが、一九九二年には平均年齢は一七・五歳にまで下がりました。こうした傾向は、全国的に見ても同様のものがあります。

通信制高校に学ぶ生徒たちの様相は時代とともに変化するのですが、さまざまな事情で全日制、あるいは定時制で学ぶことができない状態に置かれている人たちが学びを求めて通信制に集うといったあり方は、「公立通信制高校の変化しないあり方」だ、ということができます。全日制の集団的な雰囲気を避けて通信制を選択するといった生徒も増えてきています。また、公立通信制高校の新入学者の多くが中学校新卒者となってきているなかで、年配者が新入学者として入学するケースが皆無になったわけではありません。そうした意味でも、通信制高校は「高校教育における学びのセーフティネット」としての役割を果たしているといってよいでしょう。

最近、若いテレビタレントが私立通信制高校で学んでいることを公言するようになってきました。もともと公立通信制高校で学ぶタレントやスポーツ選手は少なくはなかったのですが、こうした最近の動向は近年の通信制高校の認知度の高まりの現われともいえます。

さて、公立通信制高校に学ぶ生徒たちの様相の変化は、公立通信制高校にかかわる制度的な変化とも関係しています。次に、公立通信制高校にかかわる制度の変更について見ていきます。

三・制度の変更と公立通信制高校の変化

一九九〇年代からの全国的な高校教育改革のなかで、公立通信制高校は大きな変化を経験しました。その背景には、通信制にかかわる諸制度の変更があります。ここでは、とくに卒業までの修業年限が「三年以上」（三修制）となったことを中心に見ていきます。

それでは、まず、諸制度の変更について、主なもの四点をあげてみます。

・一九八八年、単位制高校の制度が、定時制・通信制課程に設けられた。
・一九八九年、定時制・通信制の修業年限が「四年以上」から「三年以上」となり、三年での卒業が可能となった。
・二〇〇三年、インターネットなどの多様なメディアを利用して行う学習によって、面接指導等の時間数を免除できるようになった。
・二〇〇六年、生徒の負担軽減等のために、特別の事情がある場合は、他の学校等の施設・設備が使用可能となった。

こうした制度変更によって、公立通信制高校は変化していきます。一九九九年度の学習指導要領の改訂によって卒業に必要な単位数が八〇単位から七四単位へと引き下げられたこともあり、公立通信制高校の多くが三年での卒業を可能とするカリキュラム（三修制）を導入していきます。現在では、公立通信制高校の七割が三修制のカリキュラムを組んでいます。この変化は非常に重要な変化です。「通信制でも三年で卒業できる」という変化は、中学校卒業予定者の進路先として通信制が視野に入ってくることへとつながりました。

教員側も、三年でも卒業ができるようにカリキュラムを工夫することに取り組みました。たとえば、一年間に学習できる科目数を増やし、学年進行で学習していくカリキュラムをより単位制に近い形で運用していこうとするなどの工夫です。こうした変化に対しては、教員側からの憂慮の声もありました。「三修制の導入で生徒の学び方が変わった。生徒が焦っているように見える」「通信制を全日制に近づけていこうとする動きは通信制の雰囲気を損なうことにつながる」といった指摘です。その一方で、公立通信制高校の卒業者の動向（後述）を見ると、四年以上をかけての卒業者が少数派とはなっておらず、「ゆっくりと学ぶ公立通信制高校」の特性は失われてはいないと見ることもできます。ただし、通信制の修業年限が三年以上へと変更されたことは、全日制進学校を頂点とする高校の階層構造のなかに通信制が組み込まれることでもあります。

四.「古くて、新しい議論」

学校づくりには、生徒の声をふまえた教員同士の議論が重要です。ここでは、公立通信制高校のあり方をめぐる教員間の議論について一点に絞って触れてみます。

レポートの内容が難しく、課題が大量である場合、生徒はなかなかレポートを完成させることはできません。しかし、再提出を繰り返してレポートを完成させることで学習を深めていくのが通信制の学びであり、全日制や定時制とは違って「通信制は、自学自習ができるということが学びの前提となる」という考え方があります。他方、「生徒の実態に合わせて、レポートの内容や対応を工夫して、どうにか卒業させていくことが必要だ」という考え方があります。生徒が学校に近づくように努力すべきなのか、学校が生徒に歩み寄る工夫をするべきなのかという議論です。公立通信制高校におけるこの議論は、生徒の年齢構成や特性が変化していく一九八〇年代後半に入る前からすでに存在していることを、通信制を経験した教員からは聞くことができます。たとえば、レポートという共通教材を生徒個々に合わせて「差し替える」ことの是非なども含めて多様な議論がありました。これは、特別な支援が必要な生徒の入学が増加していくなかで引き続き議論されていく「古くて、新しい議論」だといえるでしょう。

五．レポートの分量と構成、スクーリングの機会、学習の評価

第二章「通信制高校の基礎知識」でも述べられていましたが、通信制高校の単位修得は、（一）レポートを提出すること、（二）面接指導（スクーリング）を受けること、（三）試験に合格することと、の三つによって行われます。公立通信制高校で、この三つがどのようにすすめられているのかについて見ていきます。

（一）レポート

公立通信制高校のレポートは、学習内容を決める通信制教育の柱です。この内容が生徒の学習のあり方を決めていきます。公立通信制高校の場合、各科目の内容は、そのすべての分野を取り扱います。たとえば、国語科の科目である国語総合の場合、現代文の分野、古文の分野、漢文の分野といったように、すべての分野を学習します。特定の分野に偏った学習内容とはしないということが基本にあります。

次に、レポートの分量と体裁を見てみます。神奈川県立通信制高校二校の地歴公民科科目のレ

ポートを例にとると、A四判三～六ページとなっています。また、体裁では、設問部分と解答記入部分が一体化、隣接しています。問題用紙と解答用紙とが別になっている試験のような体裁をしたレポートではなく、生徒の記入しやすさを追求した体裁のレポートとなっています。

（二）面接指導（スクーリング）

公立通信制高校の面接指導（スクーリング）は、一般に、年間にわたる日曜スクーリングと日曜スクーリングを補完するための平日スクーリング（日曜スクーリングに対応する形でのものや個別面接指導によるものが週に一～数回程度）が実施されています。また、地域によって、夏や冬の集中的なスクーリング、夜間の時間帯のスクーリング、連携している定時制高校や遠隔地域の公民館などの公共施設での出張スクーリングなどが伝統的に実施されてきてもいます。また、山間地や交通不便地域では、実情に合ったスクーリングの工夫が行われてきたようです。歴史的に見ると、もともと通信制のスクーリングのあり方は地域による多様性を有するものなのだということができます。また、公立通信制高校のなかで、「通える通信制」として平日に登校してスクーリングを受ける「通学型」の通信制も見られるようになってきました。これもまた、公立通信制高校のスクーリングの多様性の一つだといえます。ちなみに、公立通信制高校では、生徒の登校を「出校」と呼ぶ習慣があります。生徒が生活している場所が下位にあり、上に位置する学校に登っていくということを意味する「登校」という語を用いないための伝統的な通信制の用語です。

(三) 試験

公立通信制高校は試験を重視して評価を行う傾向があります。一〇〇点満点で何点まで取れたかを中心に段階的に評定をつけていくといった方法です。したがって、合格点を取れるまで、追試験を受けさせるといった方法が取られます。これが通信制の教育の質を担保しているのだという人もいます。他方、レポートのとりくみを重視し、試験の結果とも合わせて評価をしていく方法をとる学校も出てきています。試験重視の評価方法を相対化する変化の動きとして見ることができます。

ここまで見てきたように、公立通信制高校の学習は、(一) レポート、(二) スクーリング、(三) 試験という基本的な型を通して、その型のなかで多様化し、変化します。現在、公立通信制高校各校ですすめられつつある「障害のある生徒への支援が、すべての生徒にとって学びやすい環境をつくる」という考え方にたったスクーリングやレポートのユニバーサルデザイン化(先述した、レポートの体裁の工夫もユニバーサルデザイン化の一つ)も、こうした変化のなかで取り組まれています。言い方を換えると、レポートを極端に軽減することやスクーリングを最低限まで切り詰めるといったこと自体を目的とする多様化や変化は公立通信制高校の場合は見られないといってよいでしょう。

さて、このような公立通信制高校の学習について、とくに、体育を例に考えてみます。通信制高校に入学する生徒のなかには、体育実技に苦手意識や抵抗感をもつ生徒が少なくありません。また、障害のある方も学んでいます。そこで、公立通信制高校の保健体育科では、ゲートボールやターゲットゴルフ、ペタンク(金属のボールを手で転がすカーリングに似た球技。フランスが発祥。

公園などで手軽にできる）などの「ニュースポーツ」、気功などの東洋体育を導入したり、個別支援や入り込み支援を行うなどのさまざまな工夫を試みています。体育においても、「基本的な型を通して、その型のなかで多様化し、変化し」ていく公立通信制高校の学習のあり方が見てとれます。公立通信制高校の体育実技の場面は、コミュニケーションが苦手で孤立しがちな生徒が仲間と出会う機会となっているようです。体育は、「高等学校学習指導要領」において「高校卒業のための必履修科目として7単位以上」が課せられていますから、体育の履修修得は通信制高校卒業のためのポイントとなっていることもつけ加えておきます。

六．取り組みの多様性

公立通信制高校は、地域ごと、学校ごとに、生徒数や施設、生徒の学習や生活にかかわる支援のあり方などについて幅広い多様性を有しています。スクーリングの他に補習教室を設置している学校、養護教諭、カウンセラー、スクールソーシャルワーカーによる相談体制を充実させている学校、障害者雇用枠を利用した就労に力を入れている学校、福祉関連機関やＮＰＯとの連携のなかでの生活支援や就労支援にとりくんでいる学校、学習活動のない生徒へのアプローチを重視している学校など、多様なとりくみが見られます。公立通信制の多くが、子育てをしながら学ぶ生徒を支援するためのスクーリング日の託児制度を維持してきました。働きながら、子育てをしながら学ぶ生徒を生活者として見ようとする公立通信制高校は、重い生活課題を抱える生徒たちを支援しようとする視点として現在も生きているといってよいでしょう。

それでは、次に、公立通信制高校の雰囲気について具体的に見ていきましょう。

七．公立通信制高校の雰囲気

ここでは、公立通信制高校の「雰囲気」について紹介します。公立通信制高校は地域による多様性をもつのですが、その一方で、「いつでも、どこでも、だれでも」のスタンスでさまざまな生徒を受け止めてきたことによる共通性をもっています。

定時制・通信制高校には、生活体験発表という全国規模の行事があります。「全国定時制通信制生徒生活体験発表大会」は、二〇一六年度で第六四回大会を迎えました。定時制や通信制で学びながら仕事に励む勤労学生たちが、お互いの経験を交流しあうなかで励ましあい、定時制・通信制で学ぶことに誇りを見出そうとする重要な行事として歴史を重ねてきました。この生活体験発表大会が、現在、私立通信制高校の参加も交えながら、活況を呈しています。さまざまな現代社会の課題、家族が抱える問題、いじめや差別と格闘する定時制・通信制の生徒たちが自らの体験を語るのです。最近の発表のなかから公立通信制高校に学ぶ生徒の発表を再構成して引用します。すこし長くなりますが、公立通信制高校の雰囲気を伝えるものとなっています。

私は、小学校、中学校と不登校でした。高校も本当は行きたくはありませんでした。そして、行けるとも思っていませんでした。でも中学校の先生に強く勧められ、Y校を受験することになりました。通信制の高校だったら、週一回、日曜日だけ行けばよいし、家からも遠いので知り合いに会わなくてすむから、という理由で入学しました。

高校に入って、周りを見ると、いろいろな人がいました。白髪頭の男性は先生だと思ったら生徒だったたし、黒いスーツを着て眉毛を細く整え、香水をにおわせている男性は、ホストのようです。コスプレ衣装で登校する女子もいれば、子どもを連れてレポートを出しに来る女性もいます。一見すると、あまり勉強する人たちには見えませんでしたが、スクーリングではおしゃべり一つせず、みんな真剣に授業を聞いていて、たとえ言葉を交わさなくても、学ぼうという気持ちが伝わってきます。「周りと同じでなければいけない」と思っていた中学時代とは、全く違う世界がありました。私はあまり人目を気にしなくなり、「人と違っていてもいいんだ」と思うようになり、だんだん気持ちが落ち着いてきました。

自分で決めて、自分のペースで勉強をすすめ、勉強がわかってくると、もっと勉強したいと思うようになりました。勉強すると、頭の中の世界が広がって、ワクワクとした気持ちになります。数学では、はじめは中学校で習うプラスとマイナスの計算の仕方がわかりませんでした。でも基本がわかると、公式のルールがわかり、因数分解も理解できました。例題をやった後に一人で問題が解けると、「できた！」という実感があり、私は初めて、学ぶことの楽しさを感じました。

今、通信制で学んでいる私が、中学生の頃の私に会えるとしたら、こんなふうに言ってあげたいです。

「学校に行けないからといって、自分を嫌いにならないで。行きたくなかったら行かなくてもいいと思う。〈行けない〉ではなく、〈行かない〉という道を自分で決めて、その時できることをすればいい。人より少し遅くなったけれど、スタートはいつでもできるから、ゆっくり学んでいいんだよ」と。

フルタイムの登校を強制しない通信制は、ゆっくり学ぶ人、ゆっくり成長する人にとって、大切な場となっています。全体と一緒になって三年間を駆け抜ける全日制とは異なり、さまざまな状態にある、さまざまな人たちが、それぞれのリズム、ペースで学んでいるのが公立通信制高校だといえます。引用した生徒の発表にもあるように、公立通信制高校は多様な生徒たちを包括的に包み込むことができる学校です。その一方で、公立通信制高校は、レポートを提出しなければ、どんなに能力がある生徒だとしても単位修得はできないという「厳しさ」をもっています。卒業していく生徒たちは、コツコツと学習を積み上げ、単位修得していきます。言い方を換えると、「やったら、できた」という明確な結果が生徒の頑張りを引き出すのが公立通信制高校の学びだといえます。そうしたことが、公立通信制高校の雰囲気をかたちづくっているのです。

こうした公立通信制高校の雰囲気を、全日制や定時制を一度経験した転編入生はどのようにとらえているのでしょうか。二〇〇五年に編集されたある公立通信制高校の『クラス卒業文集』に掲載された転入生の文章を引用してみます。

一九九六年四月、県立Z高校全日制に入学したところから五年間にわたる高校生活がスタートした。順調であったら、二年前に高校を卒業しているはず。そうなっていたら、今ごろ何をしていたのだろうか……。

通信制に転入したころは、通信制に通っているということをまわりの誰にも言えなかったし、通信制を卒業してもその先どうなるのだろうと不安だった。しかし、通信制というものが、自分の性格に合っていたらしく、すぐに溶け込んでいった。そのうちに、通信制に通う自分が好きになり、とても楽しい日々がつづいた。

自分は今、通信制に通ってよかったと思う。全日制に通っていたら絶対に経験できないことがたくさんできたし、いろいろな事情を抱えた人々と出会い、色々とためになる話を聞かせてもらえた。通信制に通ったからこそ自分のことがよくわかったし、物事を見る視野が広がって、一回りも二回りも成長できたと思う。

通信制で出会ったみんなに感謝！

この卒業文集では、文章を寄せている卒業生二五人のうち、一〇人が転編入生でした。その一〇人の転編入生のすべてが、通信制での経験を肯定的にとらえています。卒業するのですから、自分の母校を否定的にとらえる生徒は、あまりいないと思います。それでも、さまざまな事情で高校を転出したり、一度辞めたりするといった経験をしている転編入生が、自分や周囲を肯定的にとらえられるようになるということは貴重なことです。

ここまで二人の文章を見てきましたが、公立通信制高校が、「自己を回復していく場」となっていることが分かります。

八．卒業率

「卒業していく生徒たちは、コツコツと学習を積み上げ、単位修得していきます」と先述しました。では、公立通信制高校の学習のなかで、どの程度の生徒が卒業しているのでしょうか。ここでは、公立通信制高校の卒業率について考えていきます。

通信制高校の卒業率は、その算定の仕方が一様ではありません。全日制の場合、一学年の人数が一定で、卒業年度も同じならば、入学者に占める卒業者の割合で卒業率を算出できます。他方、公立通信制高校の場合は、一学年のなかに多数の転編入生が途中から加わるため母数としての一学年の人数が確定しにくいということがあります。また、卒業に要した年数が四年間から数年間にわたる生徒も相当程度存在するため、正確な卒業率が算出しにくいのです。

首都圏のある公立通信制高校を例に考えてみます。この学校の場合、単年度一〇〇〇名程度の受け入れのなかで、二〇一三年度は転編入生を含め約四〇〇名が卒業しています。これを、「二〇一三年度の卒業率は四〇％」として見ることができます。その一方で、二〇一三年度の卒業者のうち「三年間で卒業した新入生徒」は、当該年度のすべての新入生徒に対する割合では一七・四％となっています。また、すべての卒業者に対する「三年間で卒業した新入生」の割合は四二・九％となっています。言い方を換えると、卒業者の五七・一％が四年間以上をかけて卒業した新入生と転編入生ということになります。この卒業率は、「ほぼ一〇〇％の卒業率」を有する高校も含めた私立通信制高校の卒業率と比較するとかなり低いといえます。一般的に「公立通信制高校は、卒業が難しい」といわれるのはこういったことからなのかもしれません。

また、「高校教育における学びのセーフティネット」「多様な生徒たちを包括的に包み込むことができる学校」である公立通信制高校が、受け止めた生徒を非活動状態からドロップアウトさせてしまうという現実もあります。「コツコツと学習を積み上げ、単位修得して」いく公立通信制高校のなかで、学習を継続していくことができなかったり、引きこもり状態から抜け出せないまま学習活動をやめてしまう生徒もいます。また、アルバイトが優先されて、学校から離れていってしまう生徒もいます。

ドロップアウトの例を一つだけあげてみます（内容は、再構成してあります）。

二〇〇八年、ある首都圏の公立通信制高校に入学した女子生徒は、入学初年度に学習活動をするための登録ができず非活動生となってしまいました。理由はお金がなかったからです。登録のための経費の納入期間の前、彼女は家出、路上生活をつづけていました。電車賃もなく、五時間、六時間を歩いて移動するしかありません。納入のための最終期日に、彼女は現れませんでした。彼女が再び学校に現れたのは、二年近く経った二〇一〇年三月で、退学願いを提出するために出校した際でした。再入学するために、いったん退学しておく必要があったからです。当時、両親は彼女を置いて四国に行ってしまい、彼女は児童養護施設にいました。結局、再入学するための入試に彼女は現れませんでした。それ以降、彼女と学校とのつながりは切れてしまいました。

このように、公立通信制高校には、深刻な生活課題を抱え、その負荷に押しつぶされるようにして学校から去っていく生徒もいるのです。現在、公立通信制高校では、自治体の福祉関連機関やＮＰＯ団体などと連携をとりながら、さまざまな対策が試みられています。

卒業率に話をもどします。

公立通信制高校の卒業率は、私立通信制高校の卒業率と比較すると、相対的に低いといわれます。こうした状況について、公立通信制高校の現場には、次の三つの反応があるように思われます。①通信制は、それほど卒業率が上がるものではない。②公立通信制と私立通信制とでは、分母となる入学生徒の特性や経済的背景が異なり、卒業率をただ比較しても意味がない。③公立と私立の卒業率を比較することの意味はともかく、公立通信制高校の卒業率の低さは改善されていくべきであるといったものです。

公立通信制高校の卒業率を改善していくための努力や工夫は非常に重要な課題ですが、数値だけにとらわれてしまうことにもまた問題があります。教育内容のともなわない卒業率の向上が、障害なども含めた複雑な生活課題のなかにある生徒への適切な配慮や支援へとつながらなくなる恐れがあるからです。いずれにせよ、公立通信制高校に関わる教育関係者は、公立通信制の卒業率について、「古くて、新しい議論」とともに考えていく必要があるといえます。

九．公立通信制高校の「これから」をどうとらえるか……公立通信制高校の役割

ここまで、公立通信制高校について見てきました。高校生の数が少子化によって減少していくなか、通信制高校で学ぶ生徒の数は増加しています。これから先、公立通信制高校は、どういう方向へすすんでいくのでしょうか。そのヒントは、公立通信制高校のこれまでのあり方に隠されているように思われます。公立通信制高校が、今日までどのようなスタンスで社会の変化と向き合ってき

たのかを捉えなおすことで、どういう方向へとすすむのかが見えてくるのではないかということです。

通信制は、「その柔軟なシステムを活用すると学ぶ人の主体的な学習が立ち上が」り、「自ら学習する力がついていく」と先述しました。通信制の「自学自習」の学びは、深い学び、主体的な学びへと結びつくということです。そのことが、通信制教育が全日制や定時制の対面教育に劣るものではなく、同じ価値を有するものなのだということを担保してきました。また、通信制教育の価値のあり方を積極的に評価することは、通信制教育により大きな可能性を見出そうとする考え方へとつながってきました。こうした考え方は、一九八〇年代の後半から通信制高校に入学してくる生徒の年齢構成や特性が変わっていくなかで、公立通信制高校に勤務する教員を励ましてもきました。全日制や定時制に通うことのできない人のために生まれた通信制は、単なる「受け皿」なのではなく、そこには価値のある学びがあるという考え方です。

現在、公立通信制高校に、特別な教育的ニーズを有する生徒、支援が必要な生徒が数多く入学しています。こうした生徒は、さまざまな理由によって全日制や定時制に通うことのできない人であり、また、通いたくない人でもあります。「もともと全日制や定時制に通うことのできない人のために生まれた通信制」が、特別な教育的ニーズを有する生徒、支援が必要な生徒を排除せずに受け入れていくことは、必然的なことだともいえるでしょう。このような変化は、自学自習を前提とする通信制の学習と特別な教育的ニーズを有する生徒への支援とをどのように両立させるのかについての「新たな議論」へとつながっていきます。各校では、公立通信制高校の役割についての「新たな議論」が、「生徒が学校に近づくように努力すべきなのか、学校が生徒に歩み寄る工夫をするべきなのか」という「古くて、新しい議論」に重ね合わされるような形で行われているはずです。

公立通信制高校はその柔軟なシステムから、時代ごとのさまざまな教育課題に対応する役割を担ってきました。たとえば、一九八〇年代、高校進学者が増加していくなかで、「教育困難校」となっていった高校から多数の中途退学者が出るといった状況が発生しました。いわゆる「中退問題の時代」です。この時期には、公立通信制高校は、転編入生の「受け皿」の役割を担いました。公立通信制高校が担うことになる役割は時代とともに変化していきます。現在でいえば、「e-learning（インターネットを用いた学習）」も、時代の要請として、公立通信制高校が担う役割の一つとなってきています。公立通信制高校は、「これからどうすればいいのだろう」という課題に直面した際には、「〈いつでも、どこでも、だれでも〉の通信制の原点に返る」ことで乗り越えようとしてきました。さまざまな意味でのマイノリティが集う通信制は、排他的（exclusive）な状態から包摂的（inclusive）な状態へと進む方向性をもっています。「通信制の門を叩いた人には、通信制の門はいつでも開かれる」ということです。したがって、公立通信制高校は、「すべての人が抱えるさまざまな課題」に対応していかなくてはなりません。それは、「そのときの高校教育の課題のすべて」が、公立通信制高校の課題となるということでもあります。それゆえに、目の前に広がる「すべての課題」に対して、限られた力をどこに重点配分するのかということで公立通信制高校は悩んできました。それが、公立通信制高校の「これまで」であり、「これから」ということにもなるのでしょう。公立通信制高校は、全日制や定時制に通うことのできない人たちを受け止めて、生徒とともに進化していくことになるのです。

【参考文献】

阿久澤麻理子〔研究代表者〕『通信制高校の実態と実践例の研究』二〇一五年
井上恭宏「神奈川県における再編整備計画と厚木南高校通信制」『第五四回全国高等学校通信制教育研究会研究集録』二〇〇三年
井上恭宏「横浜修悠館高校からの報告」『ねざす』第五六号、二〇一五年
神奈川県立横浜修悠館高等学校『文部科学省指定研究開発学校 平成二六年度 研究開発実施報告書 第三年次』二〇一五年
鈴木克明「遠隔教育者を支える同価値理論と交流距離理論」第一九回教育メディア学会年次大会、二〇一二年
全国高等学校通信教育研究会『全国通信制高等学校データ集』二〇一五年
手島純『通信制高校を知ってるかい』北斗出版、一九九七年
手島純『これが通信制高校だ』北斗出版、二〇〇二年

第五章　私立通信制高校

神崎真実

はじめに

現在、少子化にともない高校が統廃合されるなかで、私立の通信制高校は生徒数、学校数ともに着々とその数を増やしています。私立通信制高校の数は、二〇〇〇年に四四校（独立校一九、併置校二五）だったものが、二〇一六年には一六七校（独立校九七、併置校七〇）へ、一五年間で約三・八倍に膨れ上がりました（文部科学省、二〇一六）。少子化にともない学校の統廃合がすすむなかで、なぜ私立の通信制高校は増加しているのでしょうか。本章では、私立通信制高校の特徴と動向、具体的な取り組みについて述べ、私立通信制高校の可能性と課題について考えます。

まず、公私を問わず通信制高校に通底する基本的な特徴を確認します。通信制高校の基本的特徴は、全日制高校の一斉教育・集団指導に対するもう一つの方法、すなわちレポートの添削を通じた個別の学習指導に見いだされます。そもそも通信制高校は、全日制・定時制の高校に通学することができない青少年に対して、「通信の方法により高校教育を受ける機会を与えること」を趣旨として設置されました。そのため、通信制高校は一般的に、レポートを通じた個別の添削指導を重視する学校であるといえます。

一方で、二〇〇〇年を過ぎた頃から私立の通信制高校が急増していくにつれ、私立に特有の傾向が出現してきました。その傾向とは、（一）通学タイプの多様化をはじめとする教育方法の拡張と、（二）専門コースの設置をはじめとする教育内容の拡張です。通信制高校というと、月に一、二回の定期的な、もしくは年に一、二回の集中的なスクーリングを重ねながら、レポートを中心に自主学習を進めていくことが典型でした。ところが一部の私立通信制高校は、添削指導を基本としつつ、生徒が学校その他の教育施設に「通いながら」学習を進める環境を整備してきたのです。言い換えると、全日制や定時制の高校に「通学することができない青少年」を対象として設置された通信制高校が、「通学する選択肢」を設けるようになってきたのです。

さらに、私立の通信制高校には、通信制や全日制といった区分を抜きにして、「私立」としての特徴があります。たとえば、特色ある取り組みを実施したいと考えていても、公立高校の場合は、当該の取り組みを実現するための予算に関する校長の裁量は限定されています。一方で、私立高校の場合、独自の教育方針や建学の精神に則って予算を配分することができます。私立の通信制高校では、不登校や発達障害のケア、難関大学への進学など、固有のニーズに特化した教育を学校単位で組織化しやすい環境にあります。また、一般に私立の学費は公立に比べて高額ですが、それは通信制高校の場合も例外ではありません。公立通信制高校の学費は一単位につき高くても七〇〇円程度であるのに対して、私立の場合は一単位につき平均八五〇〇円ほどかかります。高校卒業に必要な単位数は七四単位ですから、年間三〇単位として学費を計算すると、公立が二万一千円、私立は二五万五千円と大きな開きがあることが分かります。入学金や施設設備費などを合わせると、その差はさらに開きます。

まとめると、私立通信制高校には、（一）通信制高校に共通する特徴――全日制に対するもう一つの学習方法、（二）私立の通信制高校に特有の特徴――通学タイプと専門コースの設置、そして（三）私立学校に共通する特徴――建学の精神に基づく学校運営という三側面の特徴があります。通信制高校に共通する特徴はこれまでの章で説明されているので、本章では主に、私立通信制高校に特有の特徴――通学タイプと専門コースの設置――に着目していきます。

一・私立通信制高校の動向

さきほど、全日制や定時制の高校に「通学することができない」人を対象として設置された通信制高校が、現在は「通学する」選択肢を設けていることを指摘しました。この現象は一見して、私立の通信制高校が全日制高校や定時制高校の教育形態に接近しているような印象を与えます。しかし、全日制や定時制の高校と私立の通信制高校における「通学」には大きな違いがあります。第一に、全日制・定時制と通信制では卒業と単位認定にかかわる「通学」の意味が異なります。全日制や定時制の高校における学習は通学を前提としているため、卒業するには毎日の通学が求められます[1]。一方で通信制高校は、レポート、スクーリング、テストによる学習を前提としており、毎日の通学は必要条件としていません。生徒にとって、毎日通学しなければ卒業できないという前提での「通学」と、毎日通学しなくても一定の要件を満たせば卒業できるという前提の「通学」とでは、その意味は大きく異なってくるでしょう。第二に、私立の通信制高校生の学校生活は、全日制や定時制高校生とは大きく異なります。全日制や定時制の高校では授業に出席することを前提としていますから、学校に行くことと授業を受けることは、イコールで結ばれています。一方で、通信制は毎日の授業参加を前提とせずに単位を認定する仕組みをとっているため、生徒は学校で過ごす時間をすべて授業に費やすことはありません。実際に私立の通信制高校生が学内で何をして過ごしているのかについては、後述します。

それでは、なぜ一部の私立通信制高校は「通学」という選択肢を設けているのでしょうか。理由の一つとして、通信制高校に入学する生徒層の変化が考えられます。高等学校定時制課程・通信制課程の在り方に関する調査研究（二〇一二）によると、一九八三年時点では、通信制高校生の六〇％強は定職につき、六％がパートで働いていました。しかし、徐々に勤労青少年の割合は小さくなり、二〇一〇年代に入ると、契約や派遣を含め社員として働く生徒は六％程度まで減少し、パート等が二八％、無職がおよそ六五％に達しました。三〇年弱の時を経て、通信制高校生の労働者と非労働者の割合は逆転したのです。さらに、在籍生徒の若年化も進み、現在、私立の通信制高校では、生徒の九〇％以上が一八歳以下となっています。働いている人にとって、通学は大きな負担となるため、添削指導で学習をすすめ、少ないスクーリング数で高校を卒業することに意味があります。一方で働いていない人にとっては、生活時間を自分で配分すること自体が困難な場合もあります。学校で友人をつくって高校生活を送りたい人もいるでしょう。さらに、私立通信制の通学という選択肢には、生徒だけでなく保護者からのニーズが反映されている可能性もあります。たとえば自らの子どもが部屋に引きこもりがちな場合、家族は第一に「部屋から出て誰かと交流してほしい」と願っているのではないでしょうか。私立の通信制高校は、こうした生徒や保護者のニーズをくみ、学校に通いながら学習を進められるように環境を整備してきたのだと思います。

とはいえ、私立通信制高校すべてが「通学」という選択肢を設けているわけではありません。通学という選択肢を設けていないからといって、生徒や保護者のニーズをくみとっていないわけでもありません。通学タイプを設けるためには、いくつかの条件を満たす必要があるのです。第一の条件として、物理的な空間が必要です。当然のことですが、生徒が学校で時間を過ごすには、生徒が身を置くための場所が必要です。しかし、私立通信制高校のうち通信制課程だけを設置している独立校は九七校で、残りの七〇校は全日制や定時制課程と併設されています。公立の通信制高校にいたっては、独立校は七校にとどまり、併置校が七〇校に及びます。併置校の場合、基本的に平日の日中は全日制高校の生徒が教室を使用していますから、通信制高校の生徒が教室を使用することは――物理的にも、生徒の心理的にも――難しくなります。第二の条件として、教育的資源と生徒対応の教員が必要となります。物理的な空間が確保できたとしても、生徒が来校できるような環境がなければ、形だけの「通学タイプ」になってしまいます。生徒会活動や部活動、学習支援といった活動を展開するための資源が揃わないと、通学タイプを設けることは難しいでしょう。

さて、こうした条件は小～中規模の学校であれば、一校で展開することも可能です。しかし、広域の（三つ以上の都道府県から生徒募集を行う）通信制高校では、生徒数の平均は一〇二〇人に及びます（秋山、二〇一五）。一〇〇〇人もの生徒に対して、一つの校舎で通学という選択肢を設けるには相当の物理的空間と人員が必要となります。ここで重要な役割を果たしているのが、サポート校をはじめとする連携機関や学習センターと呼ばれるサテライト施設です。とくに広域通信制高校においては関連施設が用意されていることが多く、その施設数は約一六〇〇に及びます（秋山、二〇一五）。専門コースについても、通学タイプと同様の条件が必要であると考えられます。私立通信制高校は、物理的空間・人員・教育的資源の確保、サテライト施設の展開や連携を通じて、通学という選択肢と、専門コースを生徒に提供しているのです。

二、私立通信制高校の取り組み

それでは、私立の通信制高校は、どのような通学タイプと専門コースを用意しているのでしょうか。ここでは、具体的な取り組みを見ていきます。

(一) 通学タイプ

私立通信制高校の通学タイプの種類は、学校によってさまざまですが、大別して年に数回の合宿型、月に一回程度の従来型、週に二～三日程度の通学型、ほとんど毎日通学する全日型があります。

通信制高校のスクーリング数は全日制や定時制と比べてはるかに少ないので、通学したとしても、必ずしも授業を受けているとは限りません。週四～五日通学する生徒は、専門コースの授業をうけたり、学内の委員会活動や部活動に参加したり、学内でレポートを仕上げたりします。また、毎日学校へ立ち寄って、一～二時間程度、先生や友人とおしゃべりをする生徒もいます。週に二～三日通学する生徒の場合、週の半分以上は自分でスケジュールを組み立てることになりますから、学校とアルバイト先を往復したり、家事をしていたり、大学進学へ向けて塾に通っていたりと、生活の仕方はさまざまです。月に一～二回の場合、バイトや仕事を生活の中心にしている人が少なくありません。どのような通学タイプを選んだとしても、スクーリング、レポート、テストの数に変わりはありませんから、私立通信制高校への入学を考えている人は、どこで、誰と、どのように学習を進めたいのかを考えておく必要があるでしょう。

そして通学日数の多いタイプを希望する人は、通学する自分の姿を想像しながら、学校を見学することをお薦めします。通信制高校では基本的に、生徒が自分で時間割を組んでいきますので、通学日数が多いからといって必ずしも一つの教室で同じメンバーと過ごすとは限りません。また、同じ教室で同じメンバーと過ごすコースが用意されていたとしても、毎日、全員が揃うとは限りません。したがって、友人と雑談できる部屋があるか、静かに自習するための部屋があるかといった物理的環境について、確認しておく必要があるでしょう。また、学校によっては、友人をつくるための交流会などを設けているところや、少人数で学習環境を構成して話しかけやすい雰囲気づくりに努めているところもありますから、そうした学校生活の環境についても聞いてみましょう。

(二) 専門コース

専門コースの種類についても、大まかな傾向をつかんでおきます。通信制高校の情報を発信している学びリンク社のウェブサイトを参照しつつ、卒業後の進路との関係からコースを三つの群に分けました。

一つ目のコース群は、資格取得につながる領域——動物、美容、調理、保育、福祉、看護など——です。これらの領域は、人や生き物の身体に直接的・間接的に与える影響が大きいので、専門の資格が必要となります。したがって高校卒業後、専門学校や短期大学へ進学して理美容師、調理師、保育士、介護福祉士、看護師などの資格を取得することになります。もちろん、四年制大学へ進学して資格を取得する道もあります。筆者（神崎）が関わってきた高校生のなかには、人は苦手だけど動物なら、子どもなら、老人なら関われるという高校生や、お化粧をするようになって自分に自信がもてた高校生、拒食症を克服して食への関心が出てきた高校生がいました。このような過去の経験と思いをもって専門コースで学ぶことで、生徒は自分自身の過去や未来について考える機会を得るかもしれません。これらのコースは、資格取得だけでなく、生徒が自らの過去の経験を問い直し、未来の自分像を描いていくための礎となる可能性があります。

二つ目のコース群は、生徒のスキルアップにつながる領域――情報処理、美術、声優・漫画、音楽、ダンス、スポーツなど――です。これらの領域では、一つ目のコース群とは違い資格よりも技術を磨くことが求められる領域です。したがって高校卒業後は、関連する分野でより深く学びたいと考えて進学する人も、就職する人もいます。あるいは、技術を身につけていく過程のなかで、「職業としてではなく、趣味として続けよう」と割り切って、別の道を選択することもできます。これらのコースは、生徒自身の身体性と密接に関連しており、生徒自身の趣味にも通じていることから、日々練習を重ねて身体で覚えようとする生徒も少なくありません。したがってスキルアップだけでなく、生徒がやってみたかったことに打ち込める機会を提供しています。

三つ目のコース群は、学力向上を目指すものです。通信制高校には、さまざまな学力の生徒が集まります。小学校から不登校で算数ができない生徒もいれば、受験に強い中高一貫校から転入してくる生徒もいます。しかし、一人一人に合わせてスクーリングの授業を実施することは現実的に困難です。通信制高校のレポートは、高校の教科書レベルの問題で構成されるため、極端に学力が低い（あるいは高い）生徒に合わせることはできません。そこで、基礎学力を補うコースや、難関大を目指すコースなど、学力別コースが威力を発揮するのです。さらに、一部の私立通信制高校では、課題解決型や体験型の授業、ゼミといった、従来の学力観とは一線を画す取り組みも行われています。

（三）専門コースを通じた生徒の学び

それでは、専門コースの受講を通じて、生徒はどのようなことを学ぶのでしょうか。

第一に、生徒は専門的な知識にふれる機会を得ることができます。とくに資格取得に関わる第一のコース群や、スキルアップにつながる第二のコース群では、身体で体得していくような知識が提供されています。このような身体で体得する知識のことを、心理学では手続き的知識と呼びます。一般に、高校教育で提供される知識は、文章で表現された知識（宣言的知識）のことを指しています。これらの知識に優劣はなく、どちらも生きていくために必要な知識です。宣言的知識をおろそかにはできませんが、手続き的知識を身体で覚えていくことも、生徒の力になると考えられます。

第二に、生徒は高校卒業後の進路について多面的な情報を得ることができます。たとえば、美紀さん（仮名）は、専門コースを受講するまで、イラストレーターになりたいという夢を抱いていました。しかし、専門コースで美術大学に勤める先生からさまざまな技法を教えてもらったことで、彼女は自分がイラストを描けていないことに気がつきました。そこで、専門コースの先生や担任の先生、両親と相談しながら、進路を広告の専門学校へと変更しました。美紀さんのように、専門コースを通じて、生徒はさまざまな情報源へアクセスする機会を得ます。

第三に、専門コースを通じて、生徒に新たな関心が芽生え、進路変更が促されることです。専門コースを受講するからといって、生徒が必ずしもその道に進むとは限りません。むしろ、専門コースでその道の厳しさや現状を伝えてもらうことで、進路について考え直すことができるのです。少し話がそれますが、とある私立通信制高校では、生徒たちが一所懸命に専門コースの課題に取り組んでいます。長い金髪と濃いアイメイクを施した女子生徒たちが、美容コースの受講時には髪をしっかりとまとめ、眼鏡をかけて授業に臨んでいることもあります。生徒たちにとって、興味のある分野を専門とする人からの言葉は、迫真力をもって響くのかもしれません。

三．私立通信制高校がもつ可能性と課題

ここまで、私立通信制高校の特徴である通学タイプの多様化と専門コースの設置について述べてきました。通学タイプと専門コースの設置は、これまで通信制高校が全日制高校に対するもう一つの方法として重視してきた個別の添削指導と相まって、生徒に多様な学習内容と方法を提供します。しかし、当然ながら私立通信制高校も、複数の課題を抱えています。以下では、本章の締めくくりとして、通信制高校の可能性と課題について考えます。

（一）「セーフティ・ネット」再考

まず、通信制高校のセーフティネットとしての役割を再考します。通信制高校はこれまで、全日制や定時制の高校に通うことのできない人に対して、学習の機会を与えることを趣旨として発展してきました。言い換えると、中学校や全日制・定時制高校から脱落した人を対象として、それらの学校とは異なる教育を提供してきました。それゆえ、通信制高校は学校教育の「セーフティネット」であることが強調されてきたのです。

ここで改めて「セーフティネット」の意味を『オックスフォード辞典』で調べてみます。セーフ

ティネットとは、曲芸師や類似する身体運動を行う者が、落下する場合に備えて設置する網（あみ）のことを指しています。綱渡りをするときに、綱（つな）と地面の間に設置された網（あみ）を想像すると分かりやすいですね。セーフティネットとは、転じて、起こり得る困難や逆境に対する保護を意味しています。つまり、それまでの学校（つな）から落下した人を受け止めるネット（あみ）が通信制高校ということになります。

セーフティネットとしての通信制高校を考えるとき、少なくとも二つの問題が残っています。一つ目は、ネットの「質」に関する問題です。綱渡りをするとき、下にネットがあるか否かでは心理的にも身体的にも緊張の度合いが全く異なるでしょう。しかし、そのネットが弾力的になっているかどうかは、定かではありません。通信制高校の卒業後、就職や進学をした人の割合はおよそ六割にとどまり、就職も進学もしなかった人は約四割に及びます（文部科学省、二〇一六）。つまり、通信制高校は、それまでに学校教育から脱落した人に再び学習する機会を提供するネット・網になっていたとしても、そのネットが必ずしも弾力的であるとはいえないのです。

さらに、残念なことに通信制高校のなかには、ネットの安全性に問題を抱えているところもあります。全国高等学校通信制教育研究会は、二〇一六年一月に「通信制高等学校の適正化を求める声明」を公表しました。その内容は、「教員免許がなければ面接指導をすることはできません」「通信制高校の添削指導は択一式や記号のみではありません」「面接指導は一単位時間を標準五〇分と定めています」「テストは、学校で、教員の監督の下に実施されます」といった学校教育法や学習指導要領の定めを示したものでした。このような声明は、そうしたルールを度外視する通信制高校が存在していることを暗示しています。ルールを度外視する学校では、面接指導や試験を簡易化して生徒を「楽に」卒業させ、教師の仕事量を減らしているのではないでしょうか。簡単に卒業できて高卒の資格がとれるだけでは、綱渡りに挑戦することはできません。綱から落下した生徒にとって、ネットでしっかりと力を蓄えて、再び何度も綱渡りに挑戦できるようになることが重要です。したがって、通信制高校のネットの「質」について、安全で弾力性のあるネット（教育）のあり方について、再考する必要があります。

二つ目は、セーフティネットの「位置」に関する問題です。綱渡りの場面を俯瞰したとき、空間的に綱が上に、ネットは下に位置しています。通信制高校は、全日制・定時制高校の単なる補完なのでしょうか。教育学者の永田佳之は、オルタナティヴ教育について、主流の教育の補完的な受け皿としての役割だけでなく、より積極的な役割が認められ始めたと言います。一般に、オルタナティヴ教育はサドベリーやシュタイナーに代表されるように、公教育とは異なる独自の教育方針をもっています。通信制高校は、公教育に属していますが、全日制高校や定時制高校とは異なる教育のあり方を模索してきた点において、オルタナティヴ教育と通じるところがあります。学校教育の本流と支流の関係性について考えることは本章の範疇をこえているので、永田が提示するオルタナティヴ教育の捉え方のうち、通信制高校にも通じる三つを提示します。

一．メインストリームの規範や通念を捉え直す公共性
二．伝統的な教育を批判的に、かつ再構築する視座でとらえる刷新性
三．多様な価値や「特別のニーズ」が尊重される多元性

通信制高校は、正式な学校の一種として公教育を担ってきた側面と、全日制や定時制とは異なる教育のあり方を模索してきたオルタナティヴな側面とを合わせもっています。本流と支流を「通信」という制度的・実践的な媒介で橋渡しするとき、どのような教育が展望できるのでしょうか。これからは、通信制高校という網の「安全性」を問うていくと同時に、その「位置づけ」を捉え直していく作業が必要であると考えられます。

(二)「古くて、新しい議論」再考

次に、第四章で指摘されている「古くて、新しい議論」――生徒が学校に近づくように努力すべきなのか、学校が生徒に歩み寄る工夫をするべきなのか――について再考します。この議論は、教育目標と方法をめぐる教員の議論と捉えることができます。たとえば、掛け算ができない男子生徒が数学Iを登録したとします。彼は学習意欲が高く、常に板書をとっているにも関わらず、数の計算ができませんでした。彼に対して、掛け算のレポートを出して少しずつ学習を進められるように支援するか(学校が生徒に歩み寄るか)、あるいは二次関数を出題してレポート添削を繰り返すなかで指導する(生徒が学校に合わせる)か、どちらが望ましいのでしょうか。この問いに対する教員の考えはさまざまです。基準を明確に示すことで生徒の達成感に繋がるため、レポートの内容は変えるべきではないと考える教員、生徒の実態とかけ離れた問題は生徒のやる気を奪ってしまうためレポートを変えるべきだと考える教員など、それぞれ生徒のためを思っての工夫が対立を生むこともあります。

さらに、こうした教員間での議論は、レポートに限らずさまざまな場面で登場します。筆者の印象に残っているエピソードを一つご紹介します。ある日、とある教科でディスカッションを中心とした授業を展開しようという話が持ち上がりました。教科担当の教員は、いくつかのテーマを生徒に渡し、生徒たち先導の議論を想定していました。一方で、担任をうけもつ教員は、人前で話すことが苦手な生徒に精神的な負担をかけたくないので、初回は教科の教員が議論を先導してほしいと言いました。どちらも、生徒思いの熱心な先生でした。みなさんは、どのように対応されるでしょうか。この事例では、担任教員が授業に同席し、生徒に混乱が起こった場合は担任教員が介入することで合意が得られ、生徒主導のディスカッション授業が行われました。

さて、こうした教育目標と方法をめぐる意見の対立は、通信制高校に限らず、高校教育全体の問題として論じられてきました。日本では、一九九〇年前後より、高校における教育課程の弾力化と多様化（必修単位の削減や中高一貫校、総合学科、単位制の導入など）が進められてきました。教育課程を弾力化・多様化することで、生徒がもつ多様なニーズに応じようと試みてきた、言い換えれば学校が生徒に歩み寄る制度を整えてきたのです。

そして教育課程を弾力化・多様化する制度が整備される度に、さまざまな立場の人（学校の先生、保護者、教育学者、社会学者、心理学者など）が、学校が生徒に歩み寄ることと生徒が学校に合わせること、それぞれの功罪を論じてきました。こうした議論は、抽象的な言葉を並べると、「どちらが合わせるべきか」という二項対立が構築されます。しかし、実際の教育場面では、さきほどのディスカッションの例にあるように、柔軟に調整されることも少なくありません。筆者は、教育目標と方法のあり方を考える際には、学校と生徒を固定した二項対立で捉えるのではなく、そうした対立や葛藤を乗り越えていく柔軟な実践に焦点をあてていくべきだと考えています。生徒のニーズに合わせて工夫を重ねてきた通信制高校こそ、そうした知見を提示する必要があるのではないでしょうか。

おわりに

本章では、通信制の制度を土台として、私立通信制高校が新たな取り組み――通学タイプと専門コースの設置――を展開し、多様化する生徒や保護者のニーズに対応しようとしていることを指摘しました。こうした取り組みは、個々の教員というよりも、学校レベルでの改革、地域との協働、そしてサテライト施設との連携などによって成立します。一方で、仕組みだけがつくられたとしても、人びとの思想が伴わない限り、仕組みは形骸化していきます。実際に、通信制高校は「セーフティネット」としての役割が期待されていますが、そのネットの質は、学校によって大きく異なると考えられます。今後は、通信制高校のネットの質を問うていくと同時に、通信制高校をセーフティネットとは異なる視座から捉えていく必要があると考えられます。その際に、通信制高校が公教育でありながらもオルタナティヴな教育を構築してきた点、言い換えれば教育の本流と支流の架け橋に位置してきた点は注目に値します。筆者は、学校が生徒に寄り添うか、あるいは生徒が学校に合わせるべきかという二項対立をこえて、現場レベルでいかに柔軟な実践が行われているのか、その具体的な事例を蓄積していくことから始めたいと考えています。

【註】

（1）平成二七年四月から、全日制・定時制高校においても三六単位までを上限として遠隔教育を実施できるようになりました。高校が対面授業と同等の教育効果を有すると認め、その遠隔教育が「同時双方向型」であるときにのみ実施可能という制限があるものの、高校教育が変化していることがみてとれます。

【参考文献】

秋山吉則「広域通信制高校の本校分校関係」『平成二六年度 日本通信教育学会研究論集』二〇一五年
阿久澤麻理子［研究代表者］『通信制高校の実態と実践例の研究』二〇一五年
永田佳之『オルタナティブ教育』新評論、二〇〇五年
学びリンク「通信制高校えらび応援サイト・通信制高校があるじゃん！」二〇一六年
school.net/search/style.php
文部科学省「高等学校定時制課程・通信制課程の在り方に関する調査研究」二〇一二年
http://www.mext.go.jp/component/a_menu/education/detail/__icsFiles/afieldfile/2012/05/29/1321486_01.pdf
文部科学省「全日制・定時制課程の高等学校の遠隔教育」二〇一五年
　http://www.mext.go.jp/a_menu/shotou/kaikaku/1358056.htm
文部科学省『学校基本調査』（平成二八年年度）二〇一六年

第六章　株式会社立通信制高校

神崎真実　土岐玲奈　手島　純

はじめに

日本では学校教育法第二条により、学校を設置できる者（設置者）は、国・地方公共団体・学校法人に限られています。しかし、二〇〇二年に「構造改革特別区域法」という法律ができてから、学校の設置者として株式会社やＮＰＯ法人も参加できるようになりました。この法律は、地域の活性化を図るという目的のために、教育だけではなく、物流、研究開発、農業、社会福祉などの分野においても適用された法律です。

学校を作るというのはとても大変なことです。校地、校舎、運動場などの設備を設けなければなりませんでした。それはとてもお金がかかることです。しかし、廃校になった小学校や中学校を利用して新しい学校を作ると節約もできます。そんなことが法律的には可能になりました。つまり、株式会社やＮＰＯ法人が、地域振興のために廃校になった校舎を利用して学校を作ることができるようになったのです。学校を作りやすくなったということは単に財政的な問題だけではなく、新しいコンセプトで学校を作りたい人や団体にとっては喜ばしい話なのです。今の公教育がかなり制度疲労をおこしていて、それを放置できないと思う人や団体にとっては、願ってもないチャンスでした。

株式会社立の学校は、小学校から大学までありますす。高校に焦点を当てると、作りやすさからか、多くは通信制高校という形がとられました。その当初の理念には不登校や中退者を受け止めていきたいという思いが溢れ、学校づくりという夢を追い求めた姿を見ることができます。

一・学外の教育機関における子どもの居場所づくりとその制約

不登校問題が日本で取り上げられるようになって、半世紀近くの時が経ちました。不登校とは、「何らかの心理的・情緒的・身体的・あるいは社会的要因・背景により、児童生徒が登校しないあるいはしたくともできない状態にあること」を指します。不登校は、単に「学校に行くか行かないか」という選択の問題ではなく、本人のアイデンティティに関わる問題です。したがって、不登校者に対しては、学習面や心理面、身体面のケアが重要となります。文部科学省は、一九九〇年代には学校内での支援に重点を、二〇〇〇年代には学校内外における支援に重点を置いて、子どもの「心の居場所づくり」を推進してきました。

不登校者への支援を構築してきたのは文部科学省だけでも、学校だけでもありません。民間のフリースクールや学習塾など、さまざまな種類の学外の教育機関によって不登校者の居場所づくりがすすめられました。こうした学外の教育機関は、各々がこれまで培ってきた知識（たとえば個別指導など）を中心としながら、丁寧な指導によって不登校者の心理面・学習面をケアしてきました。

しかし、不登校者は心理面・学習面だけではなく、進路面の支援も必要としています。日本社会では「学歴」が進路に及ぼす影響力は大きく、就職や進学の際には最終学歴に関する条件が付されます。そのため、中学校までに不登校を経験して「学外」に居場所を見出していた子どもであっても、その多くが高校へ進学する道を選択します。たとえば、文部科学省調査では、二〇〇六年時点で不登校をしていた中学校三年生のうち、八五・一％が高校へ進学したことが明らかになっています（文部科学省、二〇一四年調査）。

このように、高校進学の機運が高まるなかで、学外の支援機関として不登校者を支える方法は大別して二種類ありました。ひとつは引き続き学外の教育機関として高校とは独立した支援を行うこと、もうひとつは通信制高校のサポート校になることです。しかし、どちらの支援方法をとったとしても、学外の教育機関は大きな制約をもっていました。その制約とは、子どもと直接かかわり、指導・支援をしているのは学外の教育機関であっても、制度上認められた「学校」にあらゆる権限が付与されることです。たとえば、ある高校生が学外の教育機関で毎日五時間みっちりと学習をしていたにも関わらず、学校では授業中に挙手できないために内申点が悪くなったとしましょう。学外の機関は、学校に対して当該の高校生が勉強を頑張っている様子を伝えることはできても、学習に対する評価をつけることはできません。こうして、学外の教育機関であるがゆえの制約を経験するなかで、学校法人化を考えることは自然なことです。しかし、学校をつくることは、そう簡単ではありませんでした。学校設置には、二つの大きな壁、すなわち私学審議会（県知事の諮問機関）の審議を経なければならないこと、一定規模以上の校舎と土地を（担保抜きで）保有していなければならないこと、があったのです。

二、株式会社立高校の設置と学校法人化

構造改革特別区域法は、こうした制約をこえて、学外の教育機関による学校設置を可能にしました。構造改革特別区域に設置する学校には、校地や校舎を担保抜きで保有しなければならないという条件は付されなかったのです。また、私学として学校法人化するわけではないので、私学審議会

の審議も必要ありません。その代わりに市町村が独自に私学審議会に相当するものを作るのですが、都道府県単位での私学審議会よりさまざまな場面においてハードルが低くなっています。こうして構造改革特区法によって学校設置の条件が緩和され、学外の教育機関が学校を設置する土壌が形成されました。この構造改革特別区域法は、「小さな政府」をキーワードとして官から民への政策をすすめた小泉内閣時に整備されました。

同法は、「地方公共団体の自発性を最大限に尊重した構造改革特別区域を設定し、当該地域の特性に応じた規制の特例措置の適用を受けて地方公共団体が特定の事業を実施し又はその実施を促進することにより、教育、物流、研究開発、農業、社会福祉その他の分野における経済社会の構造改革を推進するとともに地域の活性化を図り、もって国民生活の向上及び国民経済の発展に寄与することを目的とする」（第一条）ために作られました。そこで学外の教育機関は、過疎化が進む地方で自治体と協力の上、廃校の校舎を活用する、高校生を地域へ呼び込む、若い人材を求める地域の会社と連携するなどして、地域の活性化を目指しました。

こうして、二〇〇四年から二〇一四年の間に、二三校の株式会社立通信制高校が設置されました。株式会社立高校は、カリキュラムの修正や新しい教育方法の試行を柔軟かつスピーディに行うことができるメリットをもっています。しかし、「株式会社立」のデメリットとして、私学助成金の対象外となること、税金の優遇措置がとられないことがあります。そこで、株式会社立高校としての運営を重ね、学校設置の条件（私学審議会による認可、土地・校舎の所有）が揃った段階で、学校法人化する学校も登場しました。

【図表6-1】株式会社立通信制高校一覧

	学校名	開校年	設置者	本部所在地
1	アットマーク国際高校	2004年	株式会社アットマーク・ラーニング	石川県白山市
2	第一学院高校高萩本校	2005年	株式会社ウィザス	茨城県高萩市
3	代々木高校	2005年	株式会社代々木高校	三重県志摩市
4	創学舎高校	2006年	株式会社愛郷舎	埼玉県深谷市
5	大智学園高校	2006年	株式会社コーチング・スタッフ	福島県双葉郡川内村
6	ルネサンス高校	2006年	ルネサンス・アカデミー株式会社	茨城県久慈郡大子町
7	第一学院高校養父本校	2008年	株式会社ナビ（ウィザス出資）	兵庫県養父市
8	相生学院高校	2008年	富士コンピュータ株式会社	兵庫県相生市
9	ECC学園高校	2008年	株式会社ECC	滋賀県高島市
10	東豊学園つくば松実高校	2008年	株式会社つくば東豊学園	茨城県つくば市
11	一ツ葉高校	2008年	株式会社 I am succsess.	熊本県上益城郡山都町
12	明蓬館高校	2009年	株式会社 アットマーク・ラーニング	福岡県田川郡川崎町
13	札幌自由が丘学園三和高校	2009年	株式会社札幌自由が丘教育センター	北海道上川郡和寒町
14	ルネサンス豊田高校	2011年	ルネサンス・アカデミー株式会社	愛知県豊田市
15	AIE国際高校	2013年	株式会社エーアイイー	兵庫県淡路市
16	ルネサンス大阪高校	2014年	ルネサンス・アカデミー株式会社	大阪府大阪市
17	鹿島山北高等学校	2017年	株式会社山北学園	神奈川県足柄上郡山北町

文部科学省資料等より作成（2018年10月現在）

三、株式会社立通信制高校の特徴

これまで、株式会社立通信制高校が設置されるまでの背景と制度について述べてきました。ここでは、株式会社立高校の特徴について考えてみたいと思います。まず、確認しておかなければならないのは、株式会社立であっても、通信制課程として守るべきルールは公立や私立と共通している点です。たとえば、卒業のためには、公立や私立の通信制と同様、規定数以上のレポート、スクーリング、テストを重ねる必要があります。

また、カリキュラムについては、私立通信制高校の特徴である「通学タイプの多様化」と「専門コースの設置」をもつ株式会社立高校も少なくありません。先述したように、株式会社立通信制高校の多くは、学外の教育機関として独自の教育方法を培ってきました。言い換えると、株式会社立の学校として認可される前から、各企業は独自の教育方法をもって運営してきたのです。たとえば、英語教育、通信教育用のソフト開発、個別指導の学習塾などが通信制高校を運営する母体の会社となっています。したがって、会社として独自に培ってきた英語教育や個別指導等を、私立通信制でいうところの「専門コース」として設置する、あるいは学校教育の核として位置づける株式会社立高校が多いことは、当然なのかもしれません。ある株式会社立高校に聞き取りを行なったところ、「カリキュラムの修正や新しい教育方法の試行を柔軟かつスピーディに行うことができること」が株式会社立のメリットであるという意見を伺いました。株式会社立高校は、新しい教育方法などを素早く取り入れることができるのかもしれません。

このように、株式会社立といっても、提供する教育カリキュラムという点では、私立通信制高校と大差がないことがうかがえます。学校が「株式会社立」であることを強調しない限りは、生徒の学校生活は私立の通信制高校と大きな変化がないと考えられます。

ただし、学校に勤めている職員の職業アイデンティティは、私立の通信制高校とは異なるようです。学校法人の場合、小学校や中学校、大学を運営していたとしても、あくまで母体となる学校法人が展開するのは「学校」です。一方で株式会社立の場合、運営母体は会社ですから、学校以外の事業を展開しているところも少なくありません。また、教職員の社会保険や給与体系も異なってきます。加えて、株式会社立の場合は私学助成金の対象外であり、税金の優遇措置もとられませんので、生徒や保護者のニーズに沿った教育を展開するか、あるいは独自の教育方法で実績を上げることで、一定数の生徒を確保することが重要です。こうした複数の要因から、教員としての職業アイデンティティは私学と異なってくると考えられます。

四．株式会社立高校の可能性と課題

株式会社立という新しい制度・取り組みに対しては、さまざまな議論や評価が存在しています。ここでは、株式会社立通信制高校に対する国からの評価を概観します。二〇一二年に「構造改革特別区域法第一二条第一項の規定に基づく学校設置会社による学校設置事業等について」という通知が文部科学大臣政務官名で出されました。この通知には株式会社立通信制高校の問題点が書いてありますので、少々長くなりますが引用します。

1．学校の管理・運営に関し法令違反と考えられる事項

学校は、学校教育法やその他の関係法令の規定に基づいて、一定の基準を満たした人的、物的要素により構成され、教育課程等の基準に従って教育を行うものであり、学校以外の教育機関が行う教育活動は学校教育とは認められない。また、学校の設置者は、その設置する学校を管理し、学校の校務は校長がつかさどるとされている。

今般、提携する民間教育施設（いわゆるサポート校のこと――筆者註）が当該学校の看板を掲げたり、学校が備えるべき表簿が提携する民間教育施設において保管されていたり、民間教育施設において、当該学校の教員でない者や校長の監督権が及ばない者が添削指導や試験の実施等の学校教育活動を行なったりしているなどの事例が見られたが、学校設置事業と民間教育施設による教育事業が渾然一体となった運営がなされることは不適切であること。

2．教育活動に関し改善が必要な事項

（1）添削指導について

添削指導は通信制の課程における教育の基幹的な部分であり、いわば全日制の課程又は定時制の課程における授業に相当するものであるため、これにより生徒の学習状況や理解度等を把握し、生徒の思考方向とつまづきを的確にとらえ指導していくことが必要であること。このような観点から、たとえばマークシート形式のように機械的に採点ができるような課題や、択一式の問題のみで構成される課題は添削指導としては不適切であること。

また、添削においても、正誤のみの記載ではなく必要な解説等を付すことが望ましいこと。

（2）面接指導におけるメディア利用について

通信制の課程においては、学校が、その指導計画に、各教科・科目又は特別活動について計画的かつ継続的に行われる多様なメディアを利用して行う学習を取り入れた場合、生徒がこれらの方法により学習し、報告課題の作成等により、その成果が満足できると認められるときは、その生徒について各教科・科目の面接指導の時間数又は特別活動の時間数を一部免除することができることとされている。（高等学校学習指導要領第一章第七款）

面接指導の時間数又は特別活動の時間数を免除するにあたっては、多様なメディアを利用して行う学習の成果が満足できるものである必要があり、その判断を行うために視聴確認や成果の評価を適切に行う必要があること。

（3）試験について

試験は、通信制の課程で行う教育の一部であり、添削指導や面接指導における学習成果の評価とあいまって、単位の修得を認定するために個々の生徒の学力定着度等を測るための手段である。試験を自宅試験の方法で行ったり、全ての科目において自由な成果物の提出により試験の替わりとしたり、試験問題が毎年同じであったりするなど、適切とは言い難い方法で試験を行う学校も見られたところであるが、試験の実施にあたっては、教諭等の監督の下、学校等において行うことが適切であること。

以上の指摘は、実際にこうした事例が株式会社立高校で見受けられたということを示します。また、認定地方公共団体による関係事務に関しては、二〇一四年、二〇一六年に文部科学省が実施した、全国の広域通信制高校に対する実態調査があります。二〇一四年の調査では、事務体制はおおむね一名〜三名であることや、教育行政経験がない場合が多いということが明らかになりました。この状況は、二〇一六年の調査でもほとんど変わっておらず、事務を執行する職員数は平均二・五人、そのうち、教職や教育行政経験を有する職員がいない認定地方公共団体が、全体の四二%、高校に関連する業務を担当したことのある職員がいない認定地方公共団体は九五%に及ぶことが明らかになりました。認定地方公共団体では、専門性のない部署や担当者が多くを占めるなかで、高校の認可申請や、設置後の学校評価などについて対応に苦慮している様子が見られました。職員の数が十分ではないなどの理由から、こうした状況の改善も難しいといいます。

つまり、認定地方公共団体においては、事務を担当する職員の数が少なく、高等学校に関する経験をもつ職員を配置している市町村がほとんどないなかで、手探りで対応する状況が続いているのです。

さて、株式会社立の通信制高校に対して是正が勧告された当時、これらの点は「株式会社立の学校の問題点」と考えられていました。では、株式会社立の学校だけがこうした問題を抱えているのかというと、じつはそう簡単にはいえないのです。文部科学省が二〇一六年に実施した調査結果を見ると、添削や面接指導、試験等の学校教育がサポート施設（いわゆるサポート校）で行われている事例は、学校法人立の学校と連携する施設三六八か所（四一・七%）、株式会社立の学校と連携する施設六九か所（一九・六％）でみられました。また、サポート施設の職員が学校教育を行なっているケースは、学校法人立の学校と連携する施設二八五か所（三二・一％）、株式会社立の学校と連携する施設五三か所（一五・一％）でみられました。これらの行為がすべて問題だということはできませんが、問題がある可能性の高い事例だということができます。

実際、ウィッツ青山学園高校で就学支援金不正受給の問題が表面化した際、文部科学省は、「高等学校通信教育の質の確保・向上のためのガイドラインの策定について」という通知を出しました。この通知はウィッツ青山学園高校に対しては名指しをしつつ、「一部の広域通信制高等学校において不適切な学校運営等の問題が生じていること」を問題としました。そして、次の様な点を指摘し、改善を求めました（第二章にも記載）。

① 連携施設（本書では「サテライト施設」）に対して教育行政は実態把握すること。
② 添削指導・面接指導・試験は実施校（いわゆる本校）の教員が行うこと（校長の監督権が及ばない連携施設の者に実施させないこと）。
③ 生徒募集を適切に行うこと。
④ 教育基本法、学校教育法、高等学校学習指導要領に従い、適切な教育課程を編成すること。

ウィッツ青山学園高校は株式会社立高校であって、広域通信制高校でもありますので、株式会社立通信制高校を学校法人立通信制高校と単純に比較することは適切ではありません。どちらにしても、多くの通信制高校と、それが連携する教育機関との線引きが適切になされていない可能性が気にかかります。

　しかし、一方では株式会社立高校は構造的に問題をかかえているのではないかという指摘もあります。それは創立者の教育に対する理想がどんなにすばらしくても、その後の学校経営の問題があるからです。たとえば生徒減などによる財政的な問題が生じた際に、安易に「金もうけ」に向かってしまう構造にあるということです。実際、ウイッツ青山学園高校がそうでした。学校法人ならストップがかかるところを株式会社だとそうならない要素があるのではないでしょうか。

　また、学校法人に比べてハードルの低い学校づくりは、良心的ではない学校づくりも可能だということも意味します。イデオロギー的に偏っていたり、ナショナリズムに凝り固まった学校が出てこないとも限らないのです。アメリカのチャータースクールを見るとよく分かります。

　アメリカのチャータースクール（Charter School）とは、一九九一年に米国ミネソタ州ではじまり全国に広がった公設民営型の学校です。チャーターとは「認可」という意味で、保護者・教員・地域団体などが州や地域の教育行政機関から認可され、公費で運営される学校です。教育関連法規の規制緩和もあり、独自の教育が可能ですが、一方で、教師の資格をもたない者が多く教壇に立ったり、進化論を否定した宗教法人の学校が公的資金を受たり、教職員組合の解体が促進されたりの問題が指摘され、当初の理想とはかけ離れた現実が露呈し、批判されています。

　株式会社立高校はチャータースクールに似ているところもあるので、株式会社立高校の先行きは、チャータースクールから学ぶといいのかもしれません。どちらも学校設置のハードルが低く、志の高い学校から問題の多い学校までその振幅は広いようです。教育の質の保証という面で問題を抱えています。どちらもいわゆる新自由主義的な教育施策が生んだ学校ともいえるのです。

一方、特区に対する評価では、「生徒の地域行事への参加や世代間交流による地域活性化などの効用」があったことも認められています（「構造改革特別区域推進本部 評価・調査委員会」二〇一二年）。株式会社立の通信制高校は、過疎化が問題視される地方自治体の町おこしを目的の一つとしていますが、結果として、学校は、他の地域からは通うことが難しい地域に設置されることになります。こうした地域に全国から生徒を集めようとすれば、普通は寄宿制にするほかありません。しかし、通信制高校のシステムでは、生徒が日常的に高校に登校するのではなく、短い期間に集中的にスクーリングや試験を受ける、「集中型」のスタイルで単位を修得することも可能です。全国から生徒を募集する、規模の大きな通信制高校で、多くの生徒が、時期をずらしながら年に数日間の集中的なスクーリングを受けにやってくることになれば、高校には常に一定数の生徒がいることになり、地域の活性化にもつなげることができるという仕組みです。

すべての株式会社立の学校について当てはまるわけではありませんが、構造改革特別区域法が目指す「地域の活性化を図り、もって国民生活の向上及び国民経済の発展に寄与する」という側面はあるのです。

五．株式会社と学校法人

二〇一一年の文科省調査によると、株式会社立高校の約半数が可能であれば学校法人化したいと思っているようです。それはなぜなのでしょうか。冒頭にも触れたように、株式会社立高校は「構造改革特別区域法」によって作られた学校で、その自由度は高いものでした。公私ともすべての学校は、教育課程の基準によって教育課程が編成されますが、株式会社立高校では「教育課程の基準によらない教育課程の編成・実施を可能とするもの」（特例措置番号八〇二「構造改革特別区域開発学校設置事業」）なのです。つまり、学習指導要領によらない教育課程を示唆しています。もちろん、それには申請・認定の必要性がありますが、それほど自由度が高いということなのです。校地・校舎がなくても学校づくりができますし、志ある者にとってはうれしい法律でした。しかし、補助金はありませんし、税制面での優遇措置もありません。こうしたことを天秤にかけても、株式会社で学校作りを行いたいと思うことは不自然ではありません。

ところが、その自由さが奔放になって、ついには株式会社立高校による「就学支援金不正受給事件」が発生しました。そのため現在ではその自由さに大きな歯止めがかけられています。当初とは違う話になったのです。そうなると、補助金も出ない、税制面での優遇措置もないでは、株式会社立高校を続けるメリットは少なくなります。それが株式会社立高校をできたら学校法人化したいと思っている大きな理由です。しかし、学校法人化するには資金が必要です。そう簡単にいかない状況に株式会社立高校は置かれているのも事実なのです。

じつは、株式会社立であるとか学校法人立であるとかは、生徒にとってはあまり関係がないことなのです。どちらであっても生徒の学習権を保障し、進路を切りひらいてくれる学校が求められているのです。そのために学校としての安定感というのは必要だと思われます。

【参考文献】

新しい学校の会ＨＰ　http://jaemo.net/

貴戸理恵『不登校は終わらない』新曜社、二〇〇五年

構造改革特別区域推進本部 評価・調査委員会「構造改革特別区域において講じられた規制の特例措置のあり方に係る評価意見　平成二四年度上半期」二〇一二年

http://www.kantei.go.jp/jp/singi/tiiki /kouzou2/pdf/120629hyoukaiken.pdf

文部科学省『「学校設置会社による学校設置事業」調査結果（平成二〇年度）』

http://www.kantei.go.jp/jp/singi/tiiki/kouzou2/hyouka/chousa/kyouikubukai07/siryou1_4.pdf

文部科学省初等中等教育局初等中等教育企画課教育制度改革室「高等学校の広域通信制の課程に関する調査結果について」二〇一四年

http://www.mext.go.jp/b_menu/shingi/chukyo/chukyo3/047/siryo/__icsFiles/afieldfile/2014/02/04/1343824_1.pdf

文部科学省「不登校に関する実態調査」（平成十八年度不登校生徒に関する追跡調査報告書）二〇一四年

http://www.mext.go.jp/a_menu/shotou/seitoshidou/1349956.htm

文部科学省初等中等教育局初等中等教育企画課教育制度改革室「広域通信制高校に関する実態調査結果について（概要）【確定値】」二〇一六年

http://www.mext.go.jp/b_menu/shingi/chousa/shotou/125/shiryo/__icsFiles/afieldfile/2016/11/07/1379136_3.pdf

第七章　サポート校

内田康弘

はじめに——教育上のさまざまな「困難」を抱える生徒と通信制高校

本章では、高校教育の多様化の一端を担い、そのニーズを拡大させている「サポート校」に焦点を当て、その実態と課題について論じていきたいと思います。

ここではまず、通信制高校を取り巻く今日的な状況について簡単に整理していきたいと思います。詳しくは後述しますが、通信制高校とサポート校は教育活動を行う上での相互補完関係にあるため、サポート校の現状を確認するためには、まず、通信制高校の現状を押さえることが必要になります。

第二章～第六章でそれぞれ論じられてきたように、日本社会において、通信制高校を取り巻く環境は大きく変化しています。文部科学省の「学校基本調査」によれば、一九八九年度における通信制高校の生徒数は約一六万人、学校数は八四校だったのに対し、二〇一六年度の生徒数は約一八万人、学校数は二四四校にまで増加しています。とくに私立通信制高校の増加傾向は顕著であり、公立通信制高校に比べて生徒数は約一・九倍（約一一・八万人）、学校数は約二・二倍（一六七校）となっています。さらに二〇一六年現在では、アイドルやタレント、スポーツ選手などの出身校として通信制高校があげられることも増え、世間の認知度も徐々に高まっているように見受けられます。

ここで確認しておきたいのは、平成以降、通信制高校では十代の生徒が年々増加しており、その教育ニーズが高まっているという現状です。「学校基本調査」によると、二〇一六年度では通信制高校の生徒全体の約八〇％以上を十代の生徒が占めています。とくに私立通信制高校では十代の生徒の増加が顕著であり、その割合も毎年ほぼ九〇％以上の高水準となっています。二〇一六年度では、私立通信制高校に在籍している十代の生徒数は一一万人を超えています。

戦後、高等学校通信制課程という制度が発足して以降、通信制高校は、主に全日制高校に通学することができない勤労青年に対し、後期中等教育の機会を保障する役割を担ってきました。一方で、主に二〇一〇年以降では、そうした通信制高校に在籍する生徒像や通信制高校が担う役割に変化が生じていることが繰り返し指摘されています。たとえば『通信制高校の第三者評価制度構築に関する調査研究最終報告書』（二〇一一年）は、通信制高校の生徒が若年化していること、そして、「従来社会人になった後の再教育機関の側面が強かった通信制が、何らかの理由で全日制に通学できない学齢期の生徒の受け皿になっている傾向が顕著になってきている」（一五頁）ことを明らかにしています。そして、その生徒像に関しては、「①高校入学時に全日制に入れない（学力不足、発達障害）、②中学校時代までに不登校問題を抱えている、③全日制高校を中退して通信制高校に転入・編入している、など、中学校までの間に学習空白がある生徒が多くなっている」（一六～一七頁）ことが指摘されています。

さらに直近の調査研究では、そうした通信制高校における生徒像の多様性に関して徐々に分析が進んでいます。たとえば、通信制高校における中退経験者の受け入れの動向を明らかにした筆者（内田）らの調査では、二〇〇〇年代以降、とくに私立通信制高校で転・編入学経験をもつ一五―一七歳生徒たちの流入度が飛躍的に増加している実態が、公的統計データに基づいて指摘されています（内田・濱沖、二〇一六）。また、阿久澤［研究代表者］（二〇一五）はその生徒像について、不登校経験や高校中退経験をもつ生徒に加え、病気・障害を抱える生徒や〝やんちゃ〟な生徒、外国につながる生徒など、「マイノリティであるがゆえに『主流の』教育から排除された経験をもつ生徒たちが数多く学んでいる」という実態を指摘し、教育上のさまざまな「困難」を抱える若者に対する総合的支援の場としての通信制高校の役割を述べています。

このように、平成以降の通信制高校では、勤労青年や社会人だけでなく、教育上のさまざまな「困難」を抱える生徒が多数在籍し、その数が年々増加しているという現状があります。とくに、私立通信制高校では転編入学を経験した十代生徒の増加が顕著であり、そうした教育上のさまざまな「困難」を抱える生徒たちに対する日々の学習支援および卒業後の進路支援を行う民間教育施設として、サポート校が脚光を浴びています。

一．サポート校とは何か

（一）通信制高校とサポート校の関係性

サポート校とは、通信制高校に在籍する生徒に対して、三年間での卒業及びその後の進路実現を達成させるため、校舎・施設への日々の「登校」を伴いながら、学習支援及び卒業後の進路支援を行う教育施設のことです。サポート校には設置認可に関する法的基準がないため、設置水準は各校舎によって異なっています。フリースクールやフリースペース、学習塾に併設されるケースもあり、その設置形態は多様化しています。

サポート校は学校基本法に記載された「一条校」ではないため、そこで行われる教育活動だけでは高校卒業資格を付与することができません。よって、通信制高校（主に私立校）と提携して教育活動を行うことが前提となっています。その運営母体は塾や教育関連企業などの民間教育機関であることが多く、広域通信制高校の増加という平成以降の教育制度的背景も相まって、その教育活動は二〇一六年現在、全国四七都道府県に拡大しています。

【サポート校のメリット】（晶文社、二〇一四）
・学力に限定されずに、適した学校が選べる
・通学日数や学力など生徒一人ひとりに柔軟に対応
・体験学習や社会参加への機会が豊富に用意されている

サポート校に在籍して高校卒業資格の取得を目指す生徒は、通信制高校とサポート校とを併修する必要があり、教育制度上は、在籍する通信制高校の生徒という立場になります。しかし、実際に「登校」して（月に数回、週五日、週一日など多様な選択肢があります）授業を受けたり、特別活動を行なったりレポートを行なったりと、いわゆる「学校生活」を過ごすのはサポート校であり、通信制高校本校に登校するのは主に、スクーリング（面接指導）とテスト（試験）を受ける際のみです。登校日数や登校回数は在籍する通信制高校やサポート校ごとに異なりますが、生徒たちが日常的に通ってその「登校」ニーズを満たすのは通信制高校本校ではなくサポート校であるため、通信制高校よりもサポート校に対して帰属意識をもつ生徒が多いことが明らかにされています（遠藤、二〇〇二）。

また、サポート校に勤務するスタッフは民間教育機関の社員という立場になるため、生徒に高校卒業資格を付与する権利がなく、教員免許保有義務を負っていません。しかし、少人数制授業や登校指導、生活指導や進路指導など、生徒たちと日常的に接して「学校生活」を共にしながら、高校

【図表 7-1】 通信制高校とサポート校の関係性

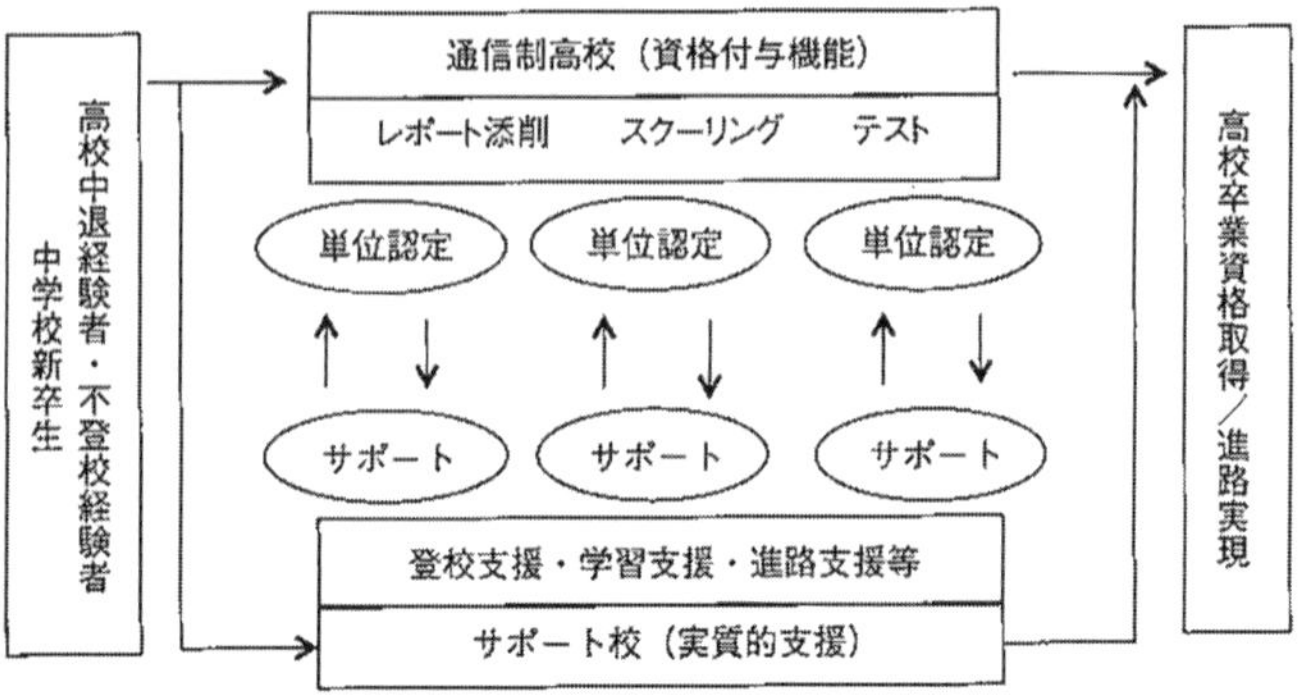

東村、2004；杉山、2009 を参考に筆者が加筆して作成

卒業資格取得に向けて生徒一人ひとりに目が行き届くような手厚いサポートを行うのはまさに彼らスタッフです。ここから、生徒たちにとってスタッフは、実質的な「教員」役割を遂行しているということができるでしょう。

このように、生徒の高校卒業資格取得ニーズや登校ニーズへの対応という点において、通信制高校とサポート校は相互補完関係にあります。なお、このような通信制高校とサポート校の教育制度上の関係性を図示したものが【図表7―1】になります。

（二）多様化する教育ニーズに対する総合的支援の場

サポート校に期待されている教育ニーズに関して、もう少し詳しく見ていきましょう。

まず、サポート校に対する教育ニーズのなかでもっとも多いものは、「登校」に関する内容です。たとえば、不登校経験や長期欠席経験をもつが学校には通いたい、転校前の高校の同級生と同じ時期に卒業したい、通学回数を自分の都合に応じて選択したい、午前ではなく午後から登校したいなど、を挙げることができます。不登校経験や高校中退経験をもつ生徒の在籍が多いとされるサポート校では、こうした「登校」に関する内容がその多くを占めています。通信制高校に在籍しながらも、全日制高校や定時制高校と同じような学校生活を求める生徒に対して、サポート校は校舎への「登校」を伴いながら、彼・彼女たちへの登校支援や学習支援、生活指導や進路指導などを行なっています。

また、音楽やモデルなどの芸能活動を並行して行いたい、マンガやネイルアート、トリマーなどの専門的な学習を同時に行いたいなど、「カリキュラム」に関する内容も少なくありません。実際、そうした要望に応えるため、専門学校と提携して教育活動を行うサポート校も登場しています。

さらには、四年制大学や専門学校に進学したい、海外留学に行きたいなどの、「進路」に関する内容も挙げられます。こうした要望に応えるため、たとえば、大規模な合同進路説明会を開催して、そこに四年制大学や専門学校、海外留学斡旋企業のブースを設置して個別に対応するというサポート校もあります。このように、サポート校に対してはまさに、求められるニーズが多様化している実態があります。こうした現状のなか、通信制高校との連携および民間教育機関といった制度的な柔軟性を生かしながら、サポート校は、多様化するニーズに日々応えています。

また、研究上の文脈でも、サポート校のもつ役割が多数指摘されています。高森（二〇〇四）によれば、サポート校生徒は自己肯定的になれない状態にあり、「引け目」を感じる傾向にある一方、「集まりの場」としてサポート校を意味づけ、日々の「登校」を通じて友人やスタッフと円滑なコミュニケーションを取りながら、「自分らしさ」を追求する様子が明らかにされています。また、東村（二〇〇四）はサポート校の役割について、生徒に対する居場所の提供と、通信制高校の課題に対する学習サポートの両面を指摘しています。

こうした指摘を総合して考えてみれば、サポート校とは、過去のさまざまな経験によって自己に対して「引け目」を感じる生徒たちが、各施設において友人やスタッフとの日々の交流を通じ、自己に対する肯定的な価値観の回復を可能にする居場所であると考えられます。サポート校は、通信制高校に在籍しつつも全日制高校や定時制高校と同様に、日々の「登校」を伴って円滑な高卒資格の獲得を支援するという「学校」的機能を同時に兼ね備えた新しいタイプの教育施設です。そこでは、制度的な柔軟性を生かしながら各生徒の多様化するニーズに応えており、まさにこうした観点に立てば、サポート校は現代社会において、教育上の様々な「困難」を抱える生徒に対する総合的支援を行う民間教育施設の一つであると考えられます。

二、サポート校の現状

（一）サポート校施設数・生徒数の推移

それでは、そうしたサポート校の施設数・生徒数はどのように推移しているのでしょうか。先述の通り、サポート校は民間教育機関であって設置認可に関する法的基準がないため、行政上の公的統計が存在しません。よってここでは、民間の雑誌社が発行する進学雑誌である、『通信制高校があるじゃん！』（学びリンク）および『通信制高校・サポート校・高卒認定予備校ガイド』（晶文社）の二種類のデータを用いて、おおよその数値を算出することにしたいと思います。【図表7―2】は、サポート校が誕生したとされる一九九二年から二〇一二年までの二〇年間の生徒数・施設数の推移

【図表 7-2】 サポート校の施設数・生徒数の推移

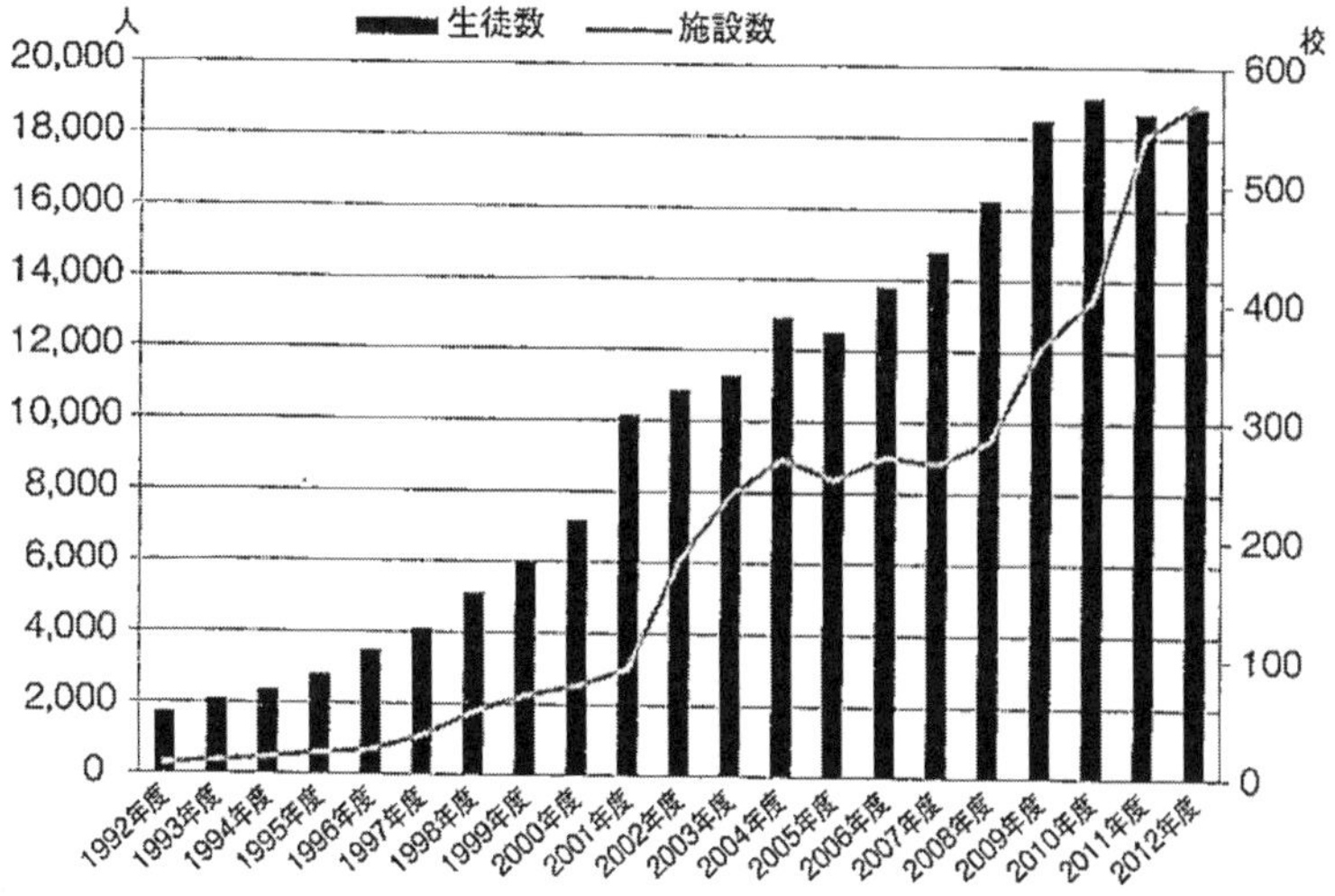

を表したものです。

この図が示しているように、過去二〇年間でサポート校の施設数・生徒数はともに顕著に増加しています。とくに二〇〇〇年代以降において、両者ともに高い数値を示すようになっています。

まず、生徒数ですが、二〇〇四～二〇〇五年度及び二〇一〇～二〇一一年度にかけて一度は微かに減少するものの、一九九二年の誕生から二〇一二年度に至るまで、ほぼ安定して増加していることを確認できます。算出の結果、二〇一二年度では少なくとも約一八八八〇人の生徒が在籍していることが明らかとなりました。一九九二年度において、生徒数が約一七二〇人だったことを考えると、サポート校在籍者数はこの二〇年間で約一〇倍に増加しているといえます。

施設数に関しても同じく増加傾向を確認できますが、生徒数の場合とは異なり、二〇〇〇年代中盤にいったん増加が停滞するという特徴的な傾向を示しています。この大きな理由として、二〇〇〇年代初頭の教育政策の影響が考えられます（たとえば二〇〇三年『構造改革特別区域法 特例番号八一六「学校設置会社による学校設置」』）。算出の結果、二〇一二年度では少なくとも約五七〇の施設が存在していることが明らかとなりました。一九九二年度と比較すると、その数はこの二〇年間で約五〇倍以上に増加しています。

ここで注意しなければならないのは、これらの施設数・生徒数の値が、必ずしもその実数を表すものではないということです。実際、二〇一六年三月に文部科学省が全国の広域通信制高校を対象に行なった緊急点検では、サポート校の施設数について、一二〇四施設存在するという報告がなされています。この数値と比べれば、今回算出した施設数の値が実数値よりも過小となっている可能性が考えられます。この結果を踏まえて考えれば、今回の算出に際しては、施設数のみならず生徒数においても、その値が実数値より過小となっている可能性が十分にある、ということを強調しておきたいと思います。このように、サポート校の教育活動の全体像は非常につかみにくいという実態があります。

しかし、こうした限界はあるにせよ、平成以降の日本社会では、通信制高校本校だけでなく、相互補完関係にあるサポート校に対するニーズも同時に高まっているという実態を、この図から確認することができるでしょう。とくに、過去二〇年間で生徒数がほぼ毎年増加していることは、少子高齢化のなか生涯学習社会の実現を目指す今日の日本社会において、十分に注目されるべき事実であると考えます。

（二）サポート校のカリキュラム

次に、サポート校では実際どのようなカリキュラムに基づいて教育活動が行われているのか、その実態を述べていきたいと思います。

サポート校では各施設において、独自の特徴的なカリキュラムが用意されています。

まず、授業に関してですが、各サポート校では生徒の多様なニーズに対応した方法で、多様な科目・コースが開講されています。生徒たちは、設置されたコースのなかから自分の興味関心に沿ったものを選ぶことができます。たとえば、情報・ＩＴ系に興味があれば「情報コース」、美術・デザイン系に興味関心があれば「美術コース」、動物の飼育やトリミングなどに興味があれば「ペット・動物コース」といった具合です。さらに最近では、難関大学進学を目指す「進学コース」や、歌手やダンサー、声優などの芸能活動を目指す「芸能コース」などを開講するサポート校も増加しています。先述した二つの進学雑誌を参照すれば、各施設のカリキュラムの多様性をはっきりと確認することができます。

また、登校日数も柔軟に設定されています。たとえば、毎日登校したい生徒には「総合（週五日）コース」、学校に通いたいけれど毎日通うのが難しい生徒には「選択（週二日）コース」や「個別指導コース」、などを準備するサポート校が多数存在します。さらに、悩みや不安をいつでも相談できるよう、カウンセラーや相談室などのカウンセリング設備が整っているところも多数あります。生徒たちはサポート校での集団授業や個別指導を通じて卒業単位取得のための教科学習（例：国語総合、数学Ｉ）を行いながら、同時に、資格取得のための講座（例：ＴＯＥＩＣ、介護職員初任者研修）や専門的な学習（例：声優、ヘアメイク、イラスト）などを自由に選択して受講することができます。各サポート校のウェブページを参照すれば、午前の時間で高校卒業資格取得に関する科目を、午後の時間で資格取得や専門的な学習及び自習を取り入れる傾向にあることを確認できます。

そして、入学式や文化祭、修学旅行や遠足、生徒会活動やクラブ・部活動といった、いわゆる「学校行事」を導入するサポート校も少なくありません。遠藤（二〇〇二）によれば、入学式や卒業式といった儀礼的行事は実施率が高く、さらに参加を義務づけている場合が多いことが明らかにされています。一方、遠足や修学旅行、クラブ・部活動などの行事については、サポート校ごとにその採り入れに関して振れ幅が大きくなっており、生徒の参加義務に関しても同様に大きな振れ幅があるようです。また、保護者会や保護者面談を行うサポート校もあり、まさに「学校」的な機能を果たしています。

登校時の髪型や服装については、基本的に自由とするところが多数ですが、独自の制服（基準服）を導入するサポート校も少なくありません。実際、制服のジャケットやスカート、リボン、ネクタイ、バッグなど、さまざまな色やパターンを選択できるサポート校もあります。全日制高校に比べて校則や服装の基準が柔軟な場合が多いため、その日の気分に応じて制服／私服を自由に選択できるサポート校も少なくありません。また、制服を着用する場合でも、ただそのまま着るだけでなく自分流のアレンジを加えてみたり、ときには「前籍校」（転編入学する前に在籍していた高校）の制服を着てみたりと、各生徒のニーズに合わせた服装が可能となっています。

最後に学費についてですが、これは各施設によって設定値が異なっており、その振れ幅が大きくなっています。また、同じサポート校であっても、生徒が選択するカリキュラムやコースに応じて学費は変動します。気をつけなければならないことは、在籍する通信制高校の学費とサポート校の学費は別であることが多いため、実際には、在籍する「通信制高校＋サポート校」にかかる学費の全額を把握する必要があるということです。

このように、サポート校では全日制高校に比較的類似したカリキュラムと、サポート校特有の柔軟なカリキュラムとを融合した、まさにハイブリッドな独自のカリキュラムに基づいて教育活動が行われています。

（三）サポート校での「学校生活」と卒業後の進路

それでは、生徒たちはサポート校へと「登校」するなかで、どのような「学校生活」を送っているのでしょうか。ここでは、筆者が実際に関わってきたサポート校の事例を織り交ぜながら、生徒たちの「学校生活」と卒業後の進路について述べていきたいと思います。

まず、サポート校での「学校生活」で特徴的なのは、生徒たちの友人関係です。サポート校には、不登校経験や高校中退経験、いじめやひきこもり経験などのさまざまな背景から、対人関係に不安を感じる生徒が数多く在籍しています。そうした多様な生徒たちがスムーズに「学校生活」を送れるよう、サポート校では、多様な「科目・コース」及び「学校行事」が数多く設置され、そうした日々の活動での交流を通じて、生徒たちは徐々に仲を深めていきます。たとえば、筆者が関わってきたなかでは、以下のようなケースがありました。人付き合いに不安があるという理由で週二日コースに在籍していたAくんは、サポート校の校舎ではいつも一人で過ごしていました。そんなAくんに対してスタッフは声を掛け、サポート校主催のスポーツイベントへの出場を提案します。イベントへの参加を決めたAくんは、そこで週五日コースに在籍するBくんと同じチームになり、その日の交流がきっかけで連絡先を交換しました。その後、Aくんが「登校」する際にはBくんやその友だちと一緒に過ごすようになり、対人関係に対するAくんの不安は徐々に和らいでいきました。そうした関係性が築き上げられるなかで、彼は週五日コースへの転籍を決めます。転籍後はスポーツだけでなく、遠足や文化祭など他の「学校行事」にも積極的に参加しながら、スムーズな「学校生活」を送って卒業を迎えることができました。また、Aくん以外の例では、昼休みの時間に自分の興味・関心のあるカードゲームやマンガ・アニメなどの話で盛り上がり、そうした共通の趣味が、友人関係を作り始めるきっかけとなったケースもあります。

こうした友人関係は、規則正しい「登校」リズムを作るきっかけとなったり、レポート提出の締切日やその出題範囲を教え合ったり、さらには、「学校行事」への参加を一緒に決めたりするなど、サポート校内でさまざまな役割を果たしながら、生徒たちの「学校生活」全般を支えています。

また、生徒たちとスタッフとの関係性も特徴的です。スタッフは、生徒の「登校」時に生徒一人ひとりに対して声掛けをしたり、「登校」しない生徒に対して電話で連絡したり、空き時間や放課後に悩み相談に乗ったりと、非常に手厚いサポートを行なっています。そんなスタッフに対して生徒は、親しみを込めて「先生」ではなくニックネームで呼んだり、お昼ご飯を一緒に食べたり、趣味や恋愛の話をしたり、イベント時には一緒にスポーツや音楽演奏をしたりと、日常的に良好な関係を築き上げています。

生徒の卒業後の進路ですが、専門学校への進学、短期大学・四年制大学への進学、就職、海外留学が、サポート校での主な選択肢となっています。とくに、自分の「やりたいこと」を学べる各種専門学校や、四年制大学への進学が人気の高い傾向にあります。そうして各生徒が自らの希望する進路の実現を達成するため、サポート校のスタッフは、進学や就職に必要な学習支援だけでなく、各種資格の取得支援や志望理由書の添削、さらには面接の練習など、進路実現に向けた総合的なサポートを行なっています。

おわりに――通信制高校・サポート校が抱える課題

これまで、サポート校の現状について、通信制高校との関係性や多様化する教育ニーズ、施設数・生徒数の推移やそのカリキュラム、そして実際の「学校生活」と卒業後の進路という観点から論じてきました。次に、サポート校が直面している課題について述べていきたいと思います。

まず指摘したいのは、「管理体制・教育活動の実態把握とその改善」の必要性です。サポート校は民間教育機関であるため、その管理体制や教育活動の全体像は非常につかみにくいという限界がありました。そうしたなか、広域通信制高校及びそのサポート校については、たとえば二〇一五年～二〇一六年にかけて、通信制高校が行うべき添削指導や面接指導などをサポート校施設で行なったケースや、編入資格のない生徒を編入させるケースなど、不適切な運営事例等の通知が相次ぎました（ウィッツ青山学園高等学校、四谷インターナショナルスクールの事例など）。事態を重く受け止めた文部科学省は、二〇一六年三月、全国一〇二校の広域通信制高校に緊急点検を行い、その不適切な実態把握に乗り出しました。その結果を受け、二〇一六年七月からは、広域通信制高校における教育の質の確保・向上に関する有識者会議が開かれ（『広域通信制高等学校の質の確保・向上に関する調査研究協力者会議』）、そして二〇一六年九月三〇日には、『高等学校通信教育の質の確保・向上のためのガイドラインの策定について（通知）』が発表されるなど、全国の広域通信制高校及びそのサポート校に対して、その管理運営・教育実態の点検作業が急速に進んでいます。

このように、二〇一六年現在、通信制高校・サポート校に対する社会の関心が徐々に高まってきたとはいえ、依然として、その管理運営・教育実態に関する理解が十分ではありません。通信制高校及びサポート校の教育活動に関心をもち、その実態を理解するということは、一方で、適切な管理運営・教育活動を行うサポート校に対する「まなざし」（評価）となり、他方で、不健全な管理運営・教育活動を行うサポート校に対する「監視」（抑止力）になります。こうした観点から、通信制高校・サポート校の運営管理・教育活動の改善のためには、社会全体が今後もその動向を細かく注視していく必要があると考えます。

また、「多様化する生徒・ニーズへの対応」も大きな課題です。サポート校には教育上のさまざまな「困難」を抱える生徒が在籍しており、とくに十代の若い生徒の多様な教育ニーズが集中しています。現状では、従来の高校卒業資格の取得支援に加えて、中学校までの学習内容の復習や高校卒業後の人生を見据えたキャリア教育支援の必要性などが、切実な課題となっています。また、そういったニーズ以外にも、たとえば芸能活動やスポーツ活動を行いながら同時に高校卒業資格の取得を目指すなど、まさに多様なニーズを内包する「課題集中校」や「進路多様校」としての現状があります。こうした背景から、通信制高校・サポート校には多様な生徒層を受け入れつつ、さらに、その多様化するニーズに個別に対応するという、まさにハイブリッドな役割が求められています。

最後になりますが、本章で論じてきたように、サポート校で学ぶ生徒は多様であり、決して少なくありません。今後はそうした通信制高校・サポート校の教育活動について、研究者や教育関係者だけでなく、社会全体がまなざしを向けてその実態を把握し理解することが必要不可欠です。そして同時に、そこに在籍する生徒たちの実態やその生活世界を丁寧にみつめながら、彼・彼女たちに対する教育保障の在り方を、社会全体で議論し考えていくことこそが急務であると考えます。教育上のさまざまな「困難」を抱えながらも学校に行きたいと願う生徒たちに対して、いかなる教育支援を提供し、彼・彼女たちの教育機会をどのように保障していくのか、真剣に考えていくことが、まさに今求められています。

【参考文献】

阿久澤麻理子［研究代表者］『通信制高校の実態と実践例の研究』二〇一五年
内田康弘「サポート校生徒は高校中退経験をどう生き抜くのか」『子ども社会研究』第二一号、二〇一五年
内田康弘・濱沖敢太郎「通信制高校における中退経験者受け入れの推移に関する研究」『平成二七年度 日本通信教育学会研究論集』二〇一六年
遠藤宏美「『サポート校』の特性と『サポート』の意味」『月刊高校教育』一一月号、二〇〇二年
遠藤宏美「『サポート校』における学校文化」『筑波大学大学院教育研究科教育学研究集録』第二六集、二〇〇二年
晶文社学校案内編集部『通信制高校・サポート校・高卒認定予備校ガイド』（一九九八〜二〇一五年度用）
杉山雅宏『ＳＴＯＰ高校中退』東京六法出版、二〇〇九年
高森俊弥「通信制サポート校における学校生活にかんする考察」『東京学芸大学教育学研究年報』第二三号、二〇〇四年

東村智子「サポート校における不登校生・高校中退者への支援」『実験社会心理学研究』第四二巻第二号、二〇〇四年
学びリンク株式会社『通信制高校があるじゃん！』（二〇〇二〜二〇一五年版）
文部科学省『学校基本調査』（各年度版）
文部科学省『広域通信制高校に関する集中改革プログラム』二〇一六年
山梨大学大学教育開発センター・日永龍彦［編］『通信制高校の第三者評価制度構築に関する調査研究最終報告書』山梨大学大学教育開発センター、二〇一一年

第八章　広域通信制高校と「サテライト施設」
――外部機関との連携による生徒「支援」

阿久澤麻理子

はじめに

みなさん、こんにちは。筆者（阿久澤）は、通信制高校をテーマとして調査してきた研究者です。通信制高校を調査するようになったのは、さまざまな理由で長い間学校に通えず、高校進学に踏み出せずにいたり、高校に進学したけれども継続がむずかしくなったり、中退したけれども、もう一度、学んでみたい、と思っている人を支える、多様でユニークな取り組みがそこにはたくさんあるからです。

もうずいぶんと前のことになりますが、大学に通いづらくなり、だんだん足が遠のいてしまった学生がいました。その学生が必要とする支援を教員として十分にできなかった、という思いが、その後、通信制高校を研究することにつながりました。学び続けることは、大切な「人権」であり、通信制高校はそれを保障するための知恵と実践の宝庫です。すべての学校が参考にすべきヒントがあります。

かつて高校は、「高校の教育課程を履修できる見込みがなければ、入学させない」という考え方をとっていました。これを「適格者主義」といいます。高校は義務教育ではないから、卒業できる力のある人がくるところで、卒業できないのは自己責任だ、と考えられていました。学ぶことは「人権」だという考えからは、ほど遠い考えと言わざるをえません。

その後、こうした考え方は、少しずつ修正されていきました。一九八四年以降は、高校がそれぞれの学校の特色を踏まえた上で、受験者の能力・適性などを判断することになりました。また、高校に限らず、障害のある学習者の支援を行うことが、「特別支援教育」として二〇〇七年に制度化されました。二〇一〇年には、本人や家庭の経済状況によって高校での学習を断念することがないよう「就学支援金」制度が始まりました。高校での学びを権利として保障するように、少しずつ制度が整えられてきたのです。

このような高校全般をカバーする制度だけでなく、通信制高校には、学習者を支援する、学校独自の取り組みがたくさん用意されています。学校に通いづらいこと、学習のブランク、対人関係の困難、病気、障害、経済的困難など、一人ひとりの異なる課題に応えてくれる、多様な支援を活用しながら学べることは、通信制高校の大きな特徴です。

ただし、各学校の取り組みは、それぞれに個性的なので、その内容を良く調べ、自分に合ったところを選ばなくてはなりません。しかし、自分にあったところを選ぶことは、そう簡単ではありません。というのも、通信制高校（とくに広域制）では、学校外の機関と連携し、こうした外部機関（本章では「サテライト施設」と呼ぶことにします）が、生徒に対して専門的な支援を提供することが、かなり一般化しているからです。つまり、通信制高校を見るだけでは全体を見たことにならず、その学校が、学校外のどのような機関と連携しているのか、「学校＋サテライト施設」の組み合わせを見なければなりません。「サテライト施設」には、「協力校」「技能教育施設」「サポート校」などのほか、こうしたカテゴリーにはまらないものもあります。

ところで、公立の通信制高校にも、「技能教育施設」と連携している学校がありますが（看護学校や高等専修学校、自衛隊工科学校などとの連携が見られます）、なんといっても、最近増加しているのは、私立の広域制高校（三つ以上の都道府県から、全国まで、生徒募集を行う高校）と連携する施設です。広域制の場合、全国各地から、本校に出校するのは容易ではありませんから、各地に「サテライト施設」を置き、生徒が居住地の近くにあるこうした施設で学習や生活上の支援を受けられるようにしている場合が多いのです。

本章は、広域制高校の「サテライト施設」をテーマに、通信制高校が多様な学校外の機関と連携しながら、ユニークな生徒支援を行なっていることを、できるだけわかりやすく伝えたいと思います。

さらに、連携に関わる制度についても、知ってほしいと思っています。というのも、「サテライト施設」が、「技能教育施設」なのか「サポート校」なのかによって、施設の環境に差があったり、そこでの学習活動が高校の履修単位に認められる単位数や、その施設でスクーリングや試験を受けられるかどうかにも、差があったりするからです。これは学習者にとっては見過ごせない違いです。さらに、「サテライト施設」での支援には、通信制高校の学費とは別に費用がかかりますから、費用負担についても考慮しなければなりません。

一・どれくらいある？　広域制高校の「サテライト施設」

文部科学省が二〇一六年七月から翌月にかけて行なった調査によると、広域制高校は全国に一〇五校あり、約十万人が学んでいます。[1] 私立が一〇四校（学校法人立八五、株式会社立一九）で、公立は大分県立高校一校が、地理的便宜から隣接二県の生徒の入学を認めています。とくに幅広いエリアから生徒を募集する広域制では、遠隔地にいる生徒が本校に定期的に出校するのは難しいので、年に数日の「集中スクーリング」を実施したり、「放送視聴」の活用によって、出校回数を抑えている学校・コースもあります（テレビ・ラジオのほか、インターネットなどの多様なメディアの活用が認められています）。しかし、ただ学校に行く回数を抑えるだけでは、自学自習を進めることが難しい学習者の支援にはなりません。そこで、各地にある「サテライト施設」が支援を行なっています。

同調査では、五月一日時点の「サテライト施設」設置数をきいており、「自校の施設」五七五、「協力校」二二五、「技能教育施設」二一〇、「サポート校」一二三四、「その他」三三施設となっています。

二、おもな連携施設

ところで、「協力校」「技能教育施設」「サポート校」などの、「サテライト施設」のそれぞれについて簡単に説明しておきたいと思います（他の章との、若干の重複をお許しください）。

●協力校（高等学校通信教育規程第三条）

本校まで出校することが難しい生徒のため、スクーリングと、試験の実施に協力してもらう学校が「協力校」です（レポート添削はしません）。協力校になれるのは、高校だけです。

●技能教育施設（学校教育法第五五条）

都道府県教育委員会が指定した「技能教育施設」で学習すると、そこで学んだ「専門科目」が、高校の単位とみなされます（現在は高卒必要単位の二分の一まで）。これを「技能連携制度」と呼びます。

一九六一年にこの制度が始まった当初は、「企業内職業訓練施設」が指定を受け、中卒で集団就職をした若者が、企業内の施設で学びながら高卒資格を取得しました。

一九七六年に専修学校が創設されると、「高等専修学校」（専修学校の高等課程）の指定が増えました。高等専修学校で実践的な職業教育を受けながら、高卒資格が併せて取得できるからです。現在は、高等専修学校だけでなく、学習塾やフリースクール（ＮＰＯ）等を指定するケースが増えています（なお、高等専修学校は、学校教育法第一二四条に定めのある学校であり、通信制高校と連携していても、「サテライト施設」には含めません）。

技能教育施設には法的根拠（学校教育法第五五条）があり、年間の指導時間数や、技能教育を担当する者の数や資格（高校教諭免許の保持者の割合）などが決められており、その点がサポート校とは大きく異なります。

●サポート校

一般に、生徒が高校卒業を迎えるまでの学習・生活面の支援を行う任意の施設で、塾のイメージに近いと考えてください。たいていは、特定の通信制高校との間に「サポート校契約」を結んでいますが、その限りではありません。

法による根拠がなく、また一つの施設が複数の通信制高校の「サポート校」になったり、連携先の変更や停止も比較的臨機応変に行うことができるので、正確に総数を把握することは難しいと考えられてきました。ただし最近は、自治体が通信制高校を認可する際に、サポート校についても学則記載を求める場合が増えていますし、(2) 文部科学省による広域制高校の調査を通じて、その数や実態の把握が行われるようになりました。

任意の施設ですが、そこでの学習活動が、「学校外における学修の単位認定」によって、高校の単位に参入されることもあります。これは、各高校の校長の判断で、在学する高校以外での活動などの学修成果を単位認定する制度です。これによって、たとえばフリースクールが社会体験として実施しているボランティア活動や就労体験等が、高校の単位に認定されるようになりました。

●学習センター

ところで、みなさんには「技能教育施設」とか、「サポート校」という用語より、「学習センター」という呼び名のほうが、身近であるかもしれません。通信制高校が各地に設置し、レポート作成の支援などを行う施設を、一般に「学習センター」と呼ぶことが多いからです。

ただし、「学習センター」というのは、単なる呼称（呼び名）であって、それだけでは施設の位置づけが分かりません。「学習センター」は、「サポート校」の場合も、「技能教育施設」の場合もありますし、また外部機関ではなく、通信制高校直営の自校施設である場合もあります。

「サポート校」では、スクーリングや試験の実施は認められていませんが、「技能教育施設」であれば、スクーリング等の実施を認められているところがあります（自治体の認可により差がありま す）。ですから、みなさんが普段通うことになる「学習センター」が、「サポート校」か「技能教育施設」かは、学習者にとっては重要です。

さらに話が込み入って恐縮ですが、通信制高校が自治体から設置の認可を受けるとき、自校の「学習センター」も「込み」で認可を受け、最初からそこでスクーリングや試験を受けられるようにしている場合もあります。いわば学校直営の学習センターです。

分類はともあれ、自分の行く「学習センター」がどのような施設であるかによって、スクーリング等のための出校の必要性に差があることを知っておく必要があるでしょう。

なお、右記のいずれの類型にもはまらない施設もありますが、これについては最後に紹介することにします。

三、「技能教育施設」「サポート校」になるのはどのような機関か

次に、通信制高校と連携する「サテライト施設」に、どのような外部機関が参入しているのかについて取り上げます。ただし本章の目的は、通信制高校が多様な外部機関と連携し、学習者の支援を行なっていることを伝えることにあるので、「協力校」（高校のみ）と、通信制高校の直営施設は除き、主に、「技能教育施設」と「サポート校」に焦点を当て、話を進めます。

左に示したリストは、筆者がこれまで調査を通じて把握した、「技能教育施設」「サポート校」に参入している外部機関を一覧にしたものです。この表を作るプロセスは、かなり興味深いものでした。というのも、通信制高校のパンフレットには、「サテライト施設」の住所・連絡先の一覧が掲載されていますが、なかには、「第一学習センター」「第二学習センター」……とか、「○○（地名）学習センター」とだけ記されていて、そこがどのような機関なのか、分からない場合も

通信制高校と連携する学校外の機関

技能教育施設（校）

　企業内職業訓練校　高等専修学校
　フリースクール（NPOなど）
　学習塾・予備校　高校の「学習センター」等

サポート校

　専門学校（専修学校の専門課程）
　各種学校（予備校，日本語学校等）
　学習塾（個人塾も含めて）
　高校の「学習センター」　フリースクール
　若者支援に取り組むNPO
　「外国につながる子ども」の学習支援を行うＮＰＯ
　精神科クリニック
　社会福祉施設　教育関連会社
　留学支援団体

あったからです。そのようなときは関係者にたずねたり、住所と電話番号からインターネットで逆検索してみたり、実際にその住所に出かけて行ったこともありました。行ってみて初めて、そこがクリニックだったり、塾だった……ということもありました。みなさんが高校を選択するとき、その「学習センター」が、身近な場所にあるかどうかを確かめるだけでなく、そこを運営する機関が何か、という情報も重要です。

四、外部機関の提供する「専門的」支援

表に示した「技能教育施設」のなかでも、「企業内職業訓練校」「高等専修学校」は、通信制高校との連携の歴史が長いことは、先に述べた通りです。これに対して、「フリースクール」や「学習塾」などは、比較的新しく指定を受けるようになったものです。

また、とくに「サポート校」に参入する機関の多様性も目立ちます。法的な根拠がないため、教育施設として不適切な環境のものがあるなど、サポート校に関わる問題はこれまでも繰り返し指摘

されてきましたが、一方で、規制がないがゆえの「自由度」によって、多様な機関の参入も可能でした。

学習塾、フリースクール、日本語学校、精神科クリニック、「外国につながる子ども」や若者支援のＮＰＯ、障害者施設……これらはいずれも、「通信制高校を支援するために」始まったものではなく、それぞれ専門性の高い機関（教育、治療、療育など）として営業、または活動してきたところです。多くの場合、それぞれの利用者から、「高校で学び直したい」とか、「高卒資格を取得したい」というニーズがあって、「技能教育施設」や「サポート校」になったのです。以下に、これらの機関が通信制高校と連携して提供している支援について、いくつか例を挙げておきます。

学習塾　学習の補助や、学力の補強を行う学習塾では、そのノウハウを活かして、通信制高校の「技能教育施設」や「サポート校」となっているところがあります。なお、当初は「技能教育施設」を運営していた大手学習塾が、後に、通信制高校を開校したというケースもあります。

フリースクール　小・中学生を対象としてきたフリースクールが、「中学卒業後も、高校の勉強を続けたい」というフリースクール生の声に応え、通信制高校の「サポート校」や「技能教育施設」となるケースは多数見られます。また、高校に入学してから登校できなくなった場合に、高校レベルの「適応指導教室」がないことも（高校生を適応指導教室に受け入れているのは一部の自治体）背景にあります。通信制高校と連携する多くフリースクールでは、学習支援、フリースクールへの登校支援とともに、就職・進学に向けた準備も併せて行なっています。

日本語学校　日本語学校では、来日後、日本での生活歴が短かったり、日常会話はできても学習言語が十分身についていなかったり、学齢超過（中学生となる年齢を超えている）で来日した「外国につながる子ども」（外国から来日した／日本で生まれの外国人、国際結婚した家族の子ども・若者など）の高卒資格取得のため、日本語指導を行いながら、通信制高校卒業に向けた学習支援をしているところがあります。

筆者が調査で訪れた、ある日本語学校では、初年度は日本語教育に力を入れ、あまり日本語力が問われない英語・数学から単位を取得させ、学年進行とともに他の科目の取得を支援する体制をとっていました。

「外国につながる子ども」の学習支援を行うNPO　調査で訪れたあるNPOは、「外国につながる子ども」の学校での勉強・宿題と、高校受験を支援する活動をしつつ、全日制・定時制高校に進学できなかった場合に、通信制高校に進学し、卒業資格を取得するための支援を「サポート校」として行なっていました。

精神科クリニック　精神の疾患、障害、依存症などでクリニックを受診している子ども・若者が、高校卒業資格を取得できるよう、医療機関が通信制高校の「サポート校」となっているケースがあります。あるクリニックが、一人ひとりの学習支援だけでなく、グループワーク、外出見学や季節のイベントなども取り入れた活動を行なっている例も報告されていました。医療機関における教室というと、「院内学級」（入院中に通うことができる教室）がありますが、一般には小・中学生を対象にしたものにとどまります。高校生段階について、医療機関が独自に取り組み始めているともいえるでしょう。

これらの施設はいずれも、通信制高校の学習支援とともに、日本語学習や、疾患に対するケアなど、専門的支援をセットにして提供しているところが特徴です。学校サイドが十分に提供しきれない支援を、とりわけ自由度の高いサポート校を活用して、アウトソース（外部機関に委託）したということもできるでしょう。

五．専門的支援を受けられる反面、課題もある

「技能教育施設」「サポート校」で専門的な支援をしてもらいながら学ぶことは、大きな安心にもつながります。一方、別の視点に立つと、課題もあります。

とくに「サポート校」には、個別化・細分化した支援ニーズ別に、専門機関が参入しているので、「同じ支援ニーズを持つ学習者が同じサポート校に集まる」ことになります。

このことは、通信制高校が、多様な生徒を受け入れるインクルーシブな（さまざまなちがいをもつ人が共生し、誰も排除しない）学校である、というイメージとは逆の状況を生み出します。同じ通信制高校の生徒であっても、ニーズ別に設けられた、別々のサポート校に通うのでは、インクルーシブな学校どころか、分離・別学体制です。

また、「サポート校」のない公立の定時制・通信制高校の卒業生からは、「同年代ばかりと一緒ではなく、いろいろな人がいて、過ごしやすかった」「人間関係が煮詰まらなかった」ことを評価する声も聞かれます。みなさん自身には、どちらの環境が向いているでしょうか？　システムのちがいをふまえた上で、選択してほしいと思います。

さらに、「通信制高校＋サテライト施設」の組合せを選択すると、二重の費用負担が生じることも、課題です。広域通信制高校は、一校を除いてすべて私立学校で、公立高校に比べてはるかに学費は高いのが現実です。就学支援金を活用した上で、高校の授業料等にどれほど自己負担があるのか、それに加えて「サテライト施設」の費用がいくらかかるのか、調べる必要があるでしょう。(3)

ところで、就学支援金以外に、独自の私立高校等授業料減免措置を四七都道府県のすべてが実施していますが、私立通信制高校を対象外にしている自治体もあります。(4)　また、任意の施設である「サポート校」には、奨学金など公的な社会資源が活用できないという問題もあります。

調査で訪れたあるフリースクール（サポート校）では、経済的に困難な生徒の負担を軽減するため、地元農家での野菜の収穫や、お歳暮の箱詰めの短期アルバイトに、スクール生がグループで出かけていました。なお、これには経済的な支援とともに、新たな場所や対人関係の苦手な生徒が、一歩を踏み出すための支援という、別の意味合いもあるとのことでした。

ところで少し脱線しますが、福岡県のある私立通信制高校は、一単位を四八〇〇円としています。筆者の知る限り、もっとも安価な設定で、これは就学支援金の範囲で学費をカバーできるようにするためとのことでした。私学＝高い、というイメージを覆す学校もあることを付記しておきます。

六．新たな形態——過疎地を支援するセンター

ところで、今までの紹介してきたような分類にははまらない、「サテライト施設」もあります。大手出版社が母体となって二〇一六年度に広域通信制高校を開校しましたが、この出版社は過疎地の自治体と連携して、教育拠点となるセンターを地域に開設しています[5]。センターは、高校のスクーリングや試験を行う場所ではありません。チューターが配置され、通信制高校生がそこに通って、自習のサポートが受けられるという点では、「サポート校」のようでもありますが、そこでは大手予備校や企業の提供する講座もインターネットを介して受講できるようになっており「衛星予備校」のようでもあります。また地元での職業体験の機会も提供するなど、若者と地域の交流拠点、地域の情報拠点にも位置づいています。

現在、全国に約一七〇〇ある市町村の四分の一には高校がありませんが、高校生が地域を離れることなく学び続けられるという点で、「過疎地」という社会的条件不利に対する支援のための施設ともいえます。運営するのは自治体で、学校運営自体は私学に任せ、自治体側が、公営「サポート校・予備校・学習センター」を設置した形です。

七．学校を選ぼうとしているみなさんへ

これから通信制高校で学ぼうとするとき、「生徒数の多い学校のほうが、安心できるから」と、規模だけで学校を選んでしまうのは、得策ではありません。生徒数が多いのは、ネットの活用が

進んでいたり、連携する「サテライト施設」が多いからかもしれません。しかし、サテライト施設が多いからといって、それらが全部、みなさんにぴったりあった支援をしてくれるとは限りません。施設の形態も、支援内容も、じつに多様です。自分はそもそも、こうした教育施設の支援を得ながら学びたいのか、どのような支援を得たいのか……というところから考えてみる必要があるでしょう。

ところで、本章を執筆したのは、「通信制高校＋サテライト施設」という組み合わせを選ぼうとする人にとって、制度がじつに複雑で、わかりにくいと感じてきたからです。たとえば、あるフリースクール生がこんな質問をしました。

「友人の通っているフリースクールでは、通信制高校のスクーリングが受けられますが、自分のフリースクールでは、本校までスクーリングに行かなくてはならないのは、なぜですか？」

二人が通っているのは、いずれも通信制高校と連携しているフリースクールですが、一つは「技能教育施設」で、もう一つが「サポート校」だから、こうしたちがいが生じていました。

しかし、「技能教育施設」の指定を受けているからといって、どこでもスクーリング・試験が受けられるわけではありません。先に述べたとおり、自治体によって異なります。そこで右の例のようなことは、通信制高校の認可を行なった自治体の違いによっても起きるでしょう。

高度経済成長時代にできた、「広域制」や「技能連携」という制度は、時代の推移とともに、創設当初は想定しなかった形で活用されるようになってきました。そこに、新たな施設、新たな制度、規制緩和等が加わって、「通信制高校＋サテライト施設」について説明するのは、じつに複雑な作業となってしまいました。何とも「ユーザーに優しくない」システムです。

各学校のパンフレットは、詳しく自校の説明をしていますが、それだけでは、全体の仕組みが見えません。通信制高校は、それぞれに個性の強い取り組みを展開しているのに、学校どうしを比較することも難しい、それが現況です。そのなかで少しでも、自分らしく学べる学校を選択する「視点」をみなさんに提供できれば、と思い本章を執筆しました。

八.「学校って何?」という問いを抱えて

ところで、「サテライト施設」について調べるようになって、筆者自身、本質的な問いに直面するようになりました。「学校って何だろう?」という、問いです。

「サテライト施設」で日々の支援を受けていると、通信制高校の生徒というより、その「サテライト施設」の生徒である、という思いが強くなるのは、いわば自然なことかもしれません。通信制高校と技能連携している、あるフリースクールの先生は「うちの子どもたちは、自分を『フリースクール生』だと思っていますが、履歴書などの公式文書には、通信制高校の学校名を書くものと心得ています」と話してくれました。「通わない高校」より、通っているところに愛着を感じるのは当然です。しかし、「通わない学校」とは、生徒にとって、どんな意味があるのかと考えさせられます。

最近、小中学生が自治体の認めたフリースクールに通うと、そこでの出席が在籍校の出席とみなされるところが増えています。そうしたフリースクールの多くが、中学卒業後の進路保障のため、通信制高校と連携するようになっています。小学校から高校まで、「学校ではない」フリースクールに通うことで、「学校」を卒業することが可能になりました。

フリースクールのなかには、さらにその先、通信制大学のサポート校となっているところもあります。小学校から大学まで、「学校に通学せず、学校を卒業する」ことも可能なのです。「通わない学校」とは、カリキュラムを提供し、卒業資格を与えてくれるだけの機関なのでしょうか。「サテライト施設」が果たす役割を知るにつけ、学校で仕事をしている私自身が、「学校ってなに？」「卒業資格ってなに？」という問いに、向き合わざるをえなくなりました。

一方、「通信制高校＋サテライト施設」という組み合わせによって、学校だけに縛られない学びの場が生まれています。学校の敷地の内で何もかもが一斉に行われる、旧来の学校の息苦しさから解放され、学校の外にある社会とつながり、いろいろな人や場に出会いながら学ぶことには、大きな可能性もあるでしょう。

また、「サテライト施設」に、不登校の子どものためのフリースクールを運営してきた市民団体や、「外国につながる子ども」や若者支援に取り組んできたＮＰＯなどが参入することで、こうした団体が高校教育の一部を担えるようになっています。学校と学校外の機関が連携するシステムは、さまざまな課題と共に学ぶ生徒の視点、マイノリティの視点に立つ、「こんな学校がほしい」との思いを実現する窓口ともなりえるのです。学習者の視点から、このシステムを活かしていくのか問われているところです。

広域通信制高校と「サテライト施設」で学ぼうとしている人へ
――次のことを知っていますか？――

●その広域通信制高校は、学校法人立か、株式会社立（特区校）か
…特区校の場合、スクーリング・試験は本校で実施されます。本校所在地を知っておく必要があります。

●自分が通おうとしている「サテライト施設」は、「技能教育施設」か「サポート校」か
…サポート校では、スクーリング・試験は受けられません。「技能教育施設」の場合、スクーリング・試験を受けられるのかは自治体により異なります。

●「サテライト施設」の運営主体は？
…一四九頁の通り、多様な機関が参入しています。そこが自分にあった支援を提供してくれる機関が知る必要があります。

●「サテライト施設」の学習環境は良いか
…所在地から通いやすさをチェックするだけでは不十分です。周辺の環境、施設の設備も見ましょう。

●「サテライト施設」での学習や活動のうち、高校の履修単位になるものは何か、何単位か
…技能連携科目、「学校外における学修に単位認定」を受ける科目は何でしょうか？単位数は？
●費用
…高校の学費等＋「サテライト施設」の費用は？
…また、高校は私立高校等授業料減免措置の対象でしょうか

そのほか、「学校の沿革」を知ることも参考になります。広域通信制高校が増加した背景には、二〇〇二年に株式会社の学校設置が可能になったことや（構造改革特別区域法）、二〇〇四年の設置基準の緩和が背景にあります。通信制高校の前身が分かれば、その学校の「強み」も分かります。

【註】
（1）文部科学省初等中等教育局初等中等教育企画課教育制度改革室「広域制高校に関する実態調査結果について（概要）【確定値】」二〇一六年九月二七日広域通信制高等学校の質の確保・向上に関する調査研究協力者会議（第四回）配布資料より
（2）註（1）と同じ調査では、サポート校一二三四のうち、学則記載の割合は二六％でした。

（3）一単位あたりの授業料のみを比較すると、公立では三〇〇円程度、私立では九〇〇〇円前後というところが多いようです。所得が一定基準以下であれば、就学支援金によって私立通信制には一単位四、八一二円の補助があります（所得に応じて一・五～二倍まで支給額は加算されます）。

（4）学びリンク社の調査では、四三都道府県中（私立通信制高校を認可していない四県を除いて）一七の自治体が私立通信制高校を除外していると報告されています。また、学校法人立の学校は対象でも、株式会社立の特区校は除外するところもあります（『月刊 学びReview』二〇一六年六月号）。

（5）カドカワ株式会社が、鹿児島県長島町と連携して開設した「Nセンター」の例。他の自治体にも広がりつつある。

【参考文献】

阿久澤麻理子［研究代表者］『通信制高校の実態と実践例の研究』二〇一五年
榎本稔・北沢彰「サンライズ学園」『精神科臨床サービス』第七巻一号、二〇〇七年

第九章　通信制のシステムで学ぶとは

土岐玲奈

はじめに

ここまで、通信制高校独自の学習のシステムや、生徒の特徴などについて見てきました。

公立通信制高校での学習がむずかしいといわれ、卒業率も低い理由として、公立の通信制高校では、自ら計画を立て、学習を進めていく「自学自習」の姿勢が求められるということがあります。通信制高校に入学して突然「自学自習」といわれても、これまでの学習方法は学校の授業が中心で、そのほかは、あったとしても宿題や予習・復習程度だった生徒にとってみると、むずかしく感じられる場合も多いのです。また、通信制高校のシステムだけでなく、生徒の特徴として、不登校や中学校卒業後のブランクなどによって、高校での学習内容を理解する上での困難がある場合も少なくありません。これらのことは、公立の通信制高校の生徒の卒業率の低さの大きな要因の一つとなっています。

こうした状況に対応するため、「通信制高校サポート校」など、さまざまな困難を抱えた子どもたちに対する学習等のサポートを行う機関もあり、通信制高校に所属しながら、こうした機関で学習支援を受ける生徒も少なくありません。しかし、学費や地理的条件、こうした機関についての情報を集められるかどうかといった問題があり、誰もが気軽に支援を求められるわけではありません。

そこで本章では、生徒の「学習が思うように進められない」状態について詳しく見ることで、生徒にどのような支援が必要なのかを考えてみたいと思います。また、通信制高校がどのような生徒を対象とした学校なのかということについても、あわせて考えてみたいと思います。

本章は、おもに通信制高校での教育に携わる先生や、高校の教育に携わる先生、また、中学校の進路指導に携わる先生などに読んでいただくことを想定していますが、通信制高校への入学（転学や編入学も）を考えている方の判断の材料にもなるかもしれません。

一・公立通信制高校における学習支援の事例

筆者（土岐）は、これまで六年ほど、ある公立の通信制高校（A高校）で、大学生と一緒に学習支援活動をしてきました。学習支援は、週に一回、学校内の学習支援室で行なっていました。ここでは、この活動のなかで出会った生徒たちが、学習を進めるにあたって、どのような支援を必要としていたのかということについて見ていきたいと思います。なお、生徒のプライバシーに配慮して、個人が特定されるような書き方は避け、兄弟構成など、エピソードに直接関わらない内容を若干改変してあります。

学習のむずかしさ

A高校を含め、多くの公立通信制高校では、生徒は月に数回から週に一回程度登校してスクーリングを受けるほかは、自習をするというスタイルがとられています。しかし、通信制高校には、これまでにさまざまな理由から学習のブランクがあって、さかのぼっての学び直しが必要だったり、学習内容を理解するためにゆっくり時間をかけたりする必要がある生徒も少なくありません。そのため、限られた時間のなかに多くの項目をつめ込まなくてはならないスクーリングでは、内容を理解することができないということがおこってきます。こうなると、そのあと自習をすることもむずかしく、学習内容も学習方法も分からずに学習がストップしてしまうことにもなりかねません。ここではまず、中学校卒業後に学習のブランクがあり、数学Iのレポートを持ってたびたび学習支援室を訪れていた、ユウキのエピソードを見てみたいと思います。

【エピソードA　数学のむずかしさ】

ユウキはもともと覚えることが得意ではなく、中学校卒業から現在までに期間も空いていたことから、数学を学ぶ上で改めて覚えなくてはならないルールが少なくなかった。「数式I」では、「マイナス2を移項するとプラスになる」といった説明をすると、内容が理解できないままに「暗記」することになってしまう。そのため、多少手間はかかっても、ある程度仕組みを理解して解くことができる方法が適しているようだった。

四則は抵抗なくできるが、分数に対する苦手意識が強い。分数は割り算と同じだと言うと、割り算でやりたいと言う。可能な範囲で分数を割り算に直して式の立て方を説明すると、すっきりした様子で計算を進めることができた。

代入では、「7yのyの代わりに3を書けば良いはずなのに、なぜ間に×（かける）が入るのか」という疑問が解消できず、先へ進めなかったのだという。学習支援室においては、ユウキに限らず、記号の省略によって混乱する生徒が少なくない。

A高校の数学のレポート課題には解説が付いていて、新たに学習する内容に関してはその解説を見れば理解できるように工夫がされています。しかし、もともと数学が得意ではなく、中学校卒業後、学習にブランクのあるユウキは、数学はスクーリングに出ても理解ができないと語っていました。このように、小中学校段階で学ぶ範囲の計算のルールが身についていない生徒に対しては、個別に支援を行うなかで発見し、対応する必要があるのです。

学習支援のむずかしさ

学習支援室では、自習のアドバイスを求められることもあります。A高校で実施した学習支援には、レポート課題や各種教材を用いた学習指導をはじめとして、辞書の引き方、自宅での学習の進め方に関連するアドバイスなどが含まれていました。しかし、学習困難を抱える生徒が自習をするのはかなりむずかしいのが現実です。

【エピソードB　自習教材さがし】

分数の計算を避けていたユウキは、レポートが終わると、少しだけ改まった様子で話し始める。中学校卒業から間が空いていて、高校の学習内容も、中学校の学習内容にも自信がもてないところがある。その場では分かっても、問題数をこなさないと問題の解き方が身につかないと考え、ドリルを探している。中学校の内容総復習というようなテキストを買ったものの、全体的に説明が多く、なかなか自分で手を動かして解けるような適当な問題集はないのだという。

そこで、基礎学習用の教材を開き、ユウキがやりたいというページをコピーする。しかし、この日コピーして渡した問題集には、解答や解説がついていなかった。ユウキは後日、自分一人では取り組めなかったとプリントを持参して、学習支援室で問題に取り組んだ。今回は結局、適当な課題を提示することはできず、自習にはつながらなかった。

A高校の学習支援室には、小中学生向けのものから、高校の参考書、勉強法の本など、さまざまなテキストを用意していました。しかし、生徒のニーズに合う内容を探すには時間がかかり、適当な内容のものが見つからない場合もあります。網羅的な内容の参考書の場合、生徒に渡しても、自分がつまずいているのがどの単元で学ぶ内容なのかを知らないため、必要なページを見つけることができない場合も多くあります。加えて、内容の多いテキストは、価格も数千円程度になり、生徒が部分的に参考にするために購入するというのは現実的ではありません。結局、生徒が自習するためにテキストを探しても、学習内容理解のために十分かつ負担になりすぎない分量のものを見つけることは、不可能に近いのが現状です。また、週に一度の学習支援活動によってそれらの内容を定着させることはむずかしく、なかなか自習のむずかしさの改善には至りませんでした。

学習に取り組む手前にある課題

ユウキのように、意欲が高くても学習に苦労する生徒は少なくありません。しかし、他校でのトラブルなどをへてA高校にうつってきた生徒のなかには、そもそも学校や学習に気持ちが向きづらい状態にある生徒が多くいます。

【エピソードC　課題を破り捨てるところからのスタート】

私立の進学校から転学してきたというタケシは、A高校に転学してすぐには課題に取り組む気にならなかったため、「勉強の初めは（手をつけなかった）前期のレポートを破り捨てるところから」だったと語る。一年以上をへて学習に取り組む気持ちになり、学習支援室も訪れたが、「担任からは（高校を卒業しなくても）高認（高等学校卒業程度認定試験）取ればいいと言われている」ため、高校の単位は取れなくてもいいのだと言う。

数学Ⅱは、スクーリングには数回出たものの、レポートにはまったく手を付けていない。しかし、あと一回スクーリングに出席すれば規定の回数に達することが分かり、支援者やほかの生徒の強いすすめでようやく教室へ向かう。スクーリング終了後に確認すると、スクーリングを受けながらレポートも進めたと言うが、完成させることなく友人と帰宅してしまった。

スクーリングを受けながらレポートの大部分も完成させたタケシの場合、学力の問題は大きくありませんでしたが、その後レポートを完成させることなく友人と帰宅してしまいました。ほかの高校を辞めてA高校に転編入してきた生徒のなかには、タケシのように、再度学習に向かうまでに長い期間を要するケースも多くあります。しかしその間、登校日数が少なく、学校からの働きかけが少ない通信制のA高校においては、生徒のなかで学校の存在感は日に日に薄まってしまいます。

次に見るアカリも、学習内容を理解する上での課題は少ないものの、学習に向かうこと自体がむずかしかったという生徒です。

【エピソードD　転学から学習に向かえるようになるまで】

アカリは、試験に対する不安を「学校変わって、去年は動けなかったから、試験は初めてで」と語ったことから、転学一年目には、学習に向かえる状態になっていなかったことが分かった。アカリは、スクーリングの理解には困らないとしながらも、学習に関しては、「授業（スクーリング）中は分かって、プリントとかもできるんですけど、帰って一人でやろうとすると忘れてて、教科書とか探して見ながらじゃないとできなくて」と語った。

アカリは、学習支援室で学んでいる生徒のなかでは、学習上の課題の少ない生徒でしたが、タケシとは対照的に、学習に意識が向いているために、強い「困り感」を抱いていたものと考えられます。また、緊張の強さが学習を進めるうえでの課題となっていることがうかがえました。生徒のなかには、このように、転学してもすぐに通信制高校で学習に取り組むことができないという人も少なくありません。

「学習意欲」を獲得するプロセス

生徒が抱える学習にまつわる困難は、重なっていることが多くあります。次に見るのは、生活環境が学習に向かう姿勢に影響を与えていると考えられた生徒のケースです。

【エピソードE　単位を落とした理由】

後期も終わり間近、久しぶりに来室したハナが、さらっと「大変なことが起きた」と言う。驚いていると、レポートを大量にためてしまったということらしい。後期の途中で学習支援室に来ようかなと思うこともあったが、結局来ないうちに今日になってしまった。

前期には、レポートをすべて提出して合格した。しかし、試験期間中に地方へライブを観に行ってしまい、試験を受けなかったために、単位がまったく取れなかったという。

ハナは、レポートは期限内にすべて合格していたにもかかわらず、試験当日に遊びを優先してしまった結果、単位がまったく取れなかったと語りました。遊びや気の緩みから登校せず、結果として課題をためてしまったというところからすると、ハナは典型的な「意欲が低い」生徒であるように見えます。しかし、ハナの「学習意欲の低さ」の背景には、彼女の不安定な生活環境の影響も透けて見えました。

ハナは、しつけに厳しく何かと縛りの多い家庭で育ち、小さいころにはいろいろな習い事をしていました。しかし現在では、当時していた習い事は辞めてしまったといいます。冬場に来室した際には、夏と同じ制服姿で寒そうにしていたこともありました。また、ハナの父親はここ数年間帰ってきておらず、彼女は現在、祖母と兄と共に暮らしています。兄もA高校に所属していますが、ほとんど登校していません。

こうした様子や話の内容からは、ここ数年で生活の様子がかなり変わったことがうかがえます。ハナの場合、こうした生活環境の急変のなかで、趣味や遊びに傾倒し、学校生活に気持ちが向きづらい状況が続いていたのだと考えられます。しかしハナは、こうした身の上話をとくに辛そうに話したわけではありませんでした。学習支援室に来るようになって数か月ほどたった頃、休憩中に、何気なく口にした話と、来室する際の様子をつなぎ合わせることで、ようやく、遊び優先で学習が後まわしになっている彼女の違う側面が見えてきたのです。多くの場合、困難な環境のなかで生活している生徒であっても、そうしたことすぐに言葉にして伝えてくれるわけではありません。担任や養護教諭であれば、書類や面談などを通して多くの情報を得ることができる場合もあるでしょう。しかし、そうして事前に情報を得ることがむずかしかった私たちボランティアの場合、生徒の学習状況やふるまいを批判せずそのまま受けとめていたことで、日々の生活の話などが、ふとしたきっかけで語られるようになったのではないかと思います。

さて、ハナのように来室にブランクがあるわけではなく、学習支援室をよく利用していても、学習に取り組むまでに時間がかかったり、スクーリングの受講や教員に対する態度が悪いとみなされている生徒がいます。次に見るアキコは、生徒が多く集まる場所でのケンカなど、周囲に影響の大きいトラブルを起こしたことから、A高校では数少ない「スクーリングへの出席停止措置」が取られた生徒でした。出席停止期間中に、アキコのことを気にかけていた教諭のすすめで来室するようになり、学習をするようになりました。

【エピソードF　学習開始のタイミング】

数名のボランティア学生が、校内で行われていた作品展の見学へ行くと、入れ違いに、作品展を見終えた十代の女子生徒アキコ、サトミ、メグが、そこで配られたお菓子を手にやってくる。通い慣れたアキコが「まずお菓子食べる」と言って、友人を伴って控室へ入る。話に熱中したアキコたちはだいぶ騒がしくしていたが、校内展を見学していたボランティア学生が戻ってきたことをきっかけに、学習を始める雰囲気になる。アキコは、「てか時間ない、さっさと始めろって感じですね」と自ら言って、学習に取り掛かり、そこからは集中して取り組む。

アキコは、来室当初、学習支援室におけるトラブルも懸念されていた生徒でした。学習支援室においては、学習中にもにぎやかに話をすることが多く、支援室においてあるお菓子を食べたがったり、学習を始めるまでに時間がかったり、おしゃべりで友人の学習をじゃましてしまったりする場面も見られました。しかし、静かに様子を見守っていると、周囲で学習をしている生徒やボランティアの様子を見て、自ら学習に取り組み始めました。このように、学習支援室では、学習にスムーズに取り組むことがむずかしい生徒も、注意を受けるのではなく、周囲で熱心に学習に取り組む生徒の様子を目にすることで、学習に向かえるようになっていきます。

アキコは、学習を始めてみると、内容の理解が早く、「やればできる」といわれることの多い生徒でした。そして、部屋が混雑すると、自分は一人でできるからとほかの生徒に場所を譲るなど、周囲への気遣いが目立ちました。また、学習支援をしているボランティア学生に対して、分かりやすい、すごいと大きな反応を示すことが多く、退室時には必ず、何度もお礼の言葉を口にしていきました。このように、集団のなかでは気持ちが高ぶってトラブルを起こしてしまいがちな生徒であっても、一対一で関わると、その生徒の違った一面が見えてくることがあります。

さて、ハナやアキコのように、学校や学習に気持ちが向きづらい時期があった生徒のなかには、時を経て、学習意欲を獲得していく人もいます。最後に、イクミのエピソードをみて見たいと思います。

【エピソードG　去年の私】

イクミは、ようやく九月で卒業できるという。おめでとうと拍手をすると、去年は全然ダメだったと言う。家庭が厳しくて門限もあったが、閉め出されると朝まで遊んでいた。夜遊びをしているときに出会った当時の彼氏は遊び人で、自分自身も、たいしてアルバイトもせず、親からお金を借りて遊んでいて、「人生で一番ダメ人間だった」。親は、高校は卒業してほしいとの考えをもっていたが、あまりに遊びすぎて「もう知らない」と愛想をつかされてしまった。

しかし、A高校に在籍する現在の彼氏にうながされ、レポートを出すようになり、今年は頑張った。現在は、いろいろ反省した結果、アルバイト代の一部を家に入れている。また、今後は、アルバイト先で正社員にしてもらえるという話が出ている。高校生は社員として雇えず、保険も適応されないため、早く卒業して社員になりたいと考えている。

イクミは、親に反抗し、遊びまわっていたことを反省し、将来について具体的に考えていました。このように、単位制・通信制のA高校においては、学校や学習に気持ちが向きづらい状況であっても、留年もなく、各自のペースで学習を進め、単位を積み重ねていくことができます。しかし一方で、教師がスクーリングへの出席やレポートの提出などをうながす機会は限られていて、学習に気持ちが向かないままに、高校を辞めてしまうリスクは高いのです。

二．まとめ

学習困難の内容――自立的・自律的な学習者になるために

ここまでみてきたように、学習支援を必要とする生徒たちは、長期欠席や中学校卒業後の学習のブランク、抽象的な概念の理解や記憶のむずかしさなどから、小中学校段階における学習内容がじゅうぶんに身についていない状態で高校の学習に取り組むことになり、スクーリングの内容理解や自習が困難になっていました。

生徒のなかには、学習内容の理解や定着にとくに長い時間が必要な人がいる一方で、学校に行っていなかった期間が長く、身についていない内容が多いものの、教えればすぐに理解する人もいます。彼らにとっての問題は、学習に何らかの形でのブランクがあり、学習内容が積み重なっていない状態で、その穴を埋めることなく高校段階の学習内容を学ばざるを得ないという状況にあるといえるでしょう。しかし、通信制高校におけるスクーリングは、生徒が自習することを前提に設計されていて、スクーリングの内容を理解することができなかった生徒は、その後自習をすることもむずかしく、学習内容も学習方法も分からないというケースも少なくないのです。

そのため、通信制高校は、特徴的な学習システムに合わせ、入学してきた生徒に対し、まずは「自ら学び続ける力」をつけるための支援を行う必要があるのではないでしょうか。

先ほど述べたように、学力や学習経験がさまざまな生徒にとって、自分に適した教材を見つけるのは簡単なことではありません。こうした問題について、教科の目標や教育内容を定めた『高等学校学習指導要領解説 総則編』（文部科学省、二〇〇九）では、面接指導（スクーリング）のあり方として、「個別指導を重視して一人一人の生徒の実態を十分把握」し、「自宅学習に必要な基礎的・基本的な学習知識について指導」し、「自宅学習への示唆を与え」ることが求められています。つまり、生徒の学力に大きな幅がある通信制高校に対しては、生徒が学習に取り組むため、個々のつまずきを明らかにし、適切な学習方法や教材、スケジュールなどをコーディネートし、学習がスムーズに進むようサポートしていくことが求められているのです。

じつは、生徒個々に合わせた面接指導（スクーリング）の在り方については、通信制高校設置当初から指摘されていたことでもありました。一九四八年に出された『中等学校通信教育指導要領（試案）』（文部省、一九四八）では、「学習指導の第一歩は、生徒の個性をつかみ、これを正しく発展させること」にあり、「個人差や環境の差異を無視した一律の指導は、そのたいせつな効果を著しく減ずることになる」と指摘されていました。家庭環境や職場環境が多種多様で、経験や態度にも大きな違いがある生徒たちに対しては、一律な方法を適用することはけっして適切ではない」と考えられていたことから、「添削指導にあたっては、通信教育生の個性や環境の調査はとくに念を入れて行い、その結果を常に学習指導の上に生かしてゆくことがたいせつである」とされていました。このように、通信制高校には設置当初から、受け入れる生徒の置かれている環境や学習経験、態度がさまざまであることを前提として、それぞれの生徒の特徴を明らかにしたうえで、個々に応じた適切な支援をすることが望まれていたのです。このことは、時がたっても変わっていません。

通信制高校に対しては、各生徒の実態を把握し、必要に応じた個別の指導を行うことが求められています。個別指導によって自ら学ぶための力をつけるということが、通信制高校では長い間重要なことと考えられてきたのです。こうした指導を受けて、学習内容について自分で調べ、人に質問し、学べるようになれば、通信制高校での経験は、生徒にとって大きな財産になります。

ケアの視点をもった学習支援のありかた

ところで、学習支援を必要とする生徒が抱える問題としては、まず、前籍校での退学（転学）に至るまでの経験や、学習内容の理解の困難などの理由と、日常的に学習に気持ちを向け、時間を割きづらい生活環境が絡み合っている状況がありました。このように、対人関係上のトラブルや、勉強が分からないという経験を積み重ねてきた生徒の場合、学力に関する問題だけでなく、「学習意欲」の不十分さとみえてしまうような態度も、支援を必要とする学習困難そのものであったということができるでしょう。そう考えると、生徒が「自律的な学習者」になるための学習支援のプロセスには「ケア」の視点が必要とされているのではないでしょうか。ここでいうケアとは、生徒の学習プロセスや認知の特性だけではなく、心理状態や体調、生活背景への目配り、配慮を含むものです。ここには、学習に対する肯定的な構えや、学習に対するモチベーションを獲得すると共に、学習達成の喜びを感じられるようになるための支援、安心してその場にいられるための関係構築や環境調整といったことも含まれます。しかし、規模の大きな通信制高校ではとくに、学習支援を必要としている生徒でも、自ら支援を求めることはむずかしい上に、こうした生徒の状況を教師が把握することもむずかしいのが現状です。実際、A高校においては、スクーリングの時間外に生徒の側からアプローチがなければ、個別の学習支援は困難でした。

一方、本章で紹介した学習支援活動のなかでも、生徒はスクーリングの合間を縫って来室しており、課題を終わらせるだけでも時間が足りないくらいで、ゆっくりコミュニケーションをとる時間はあまりありません。しかし、話すのが苦手な生徒でも、長時間学習をしたあとに少しの休憩時間をとると、自分の生活のこと、趣味のことなど、いろいろな話をしてくれます。じつは、学習支援を実施しているボランティアのなかにも、シャイな学生は多いのですが、限られた時間のなかで一生懸命学習のサポートをしていると、休憩中の話も弾むようになります。そう考えると、学習支援は、教科教育の理解という目に見えやすい目的をもつ一方で、学習することを通して、生徒との関係を構築したり、生徒の学習プロセスを見守り、達成感を味わわせたり、肯定的な評価をするなど、生徒のケアとしての側面をもちうるものだということが分かります。

つまり、こうした学習支援活動は、学習内容の理解を助けるための、「学習のケア」であると共に、精神的な不安定さや学習に対する劣等感をもつ生徒に対しては、「学習支援を通したケア」としても働いていたと考えられます。この二つのケアは、学習支援活動場面において、いずれも欠くことのできない重要なものでした。(1) こうした「ケア」の視点を持った学習支援は、通信制高校のなかで、必要な支援を求めることがむずかしい生徒に対する、「支援を求められるようになるための支援」ともなるのではないでしょうか。

通信制高校は誰のための高校か

昔から通信制高校が目指してきたように、やる気はあるにも関わらず、環境に恵まれず勉強ができない人に対して、その学習を支援したいと考えることは、とても自然なことのように思えます。では、環境によってやる気をもつチャンスをも奪われた人たちに対してはどうでしょうか。支援を求めるための、自尊感情を奪われた人たちに対してはどうでしょうか。表面的な態度によって、やる気のない、支援する必要もない人びとだと思ってしまってはいないでしょうか。

もちろん、高校での学習や卒業資格がすべての人びとにとって同じように重要だということはできません。通信制高校に在籍する生徒のなかには、退学して、現在の仕事や自分のやりたいことに打ち込んだ方がより良い生活が送れたり、将来のためになったりするというケースもあるでしょう。ただ、やりたいことが明確ではなく、今後の暮らしを自分の力や家族、福祉的支援のもと、安全に、安定的に送っていくことがむずかしいと考えられる生徒に対しては、その瞬間の生徒の発言や気持ちに応えるだけでは適切な対応をしたとはいえません。そうではなく、生徒の将来のために、学習に向かえるようになるまで学校に生徒をとどめ、見守るといった関わりも重要になるのではないかと思います。こうした生徒たちが、自分のために努力し、また適切な支援を求められるようになるために、支援者の側からの積極的なアプローチが求められているのではないでしょうか。これは、困難を抱える生徒を多く受け入れる通信制高校においてはとくに重要なことではないかと思います。

つまり、困難な環境のなかで意欲的に学習に向かうことがむずかしい状態にある生徒に対しては、彼らの「意欲をもてない」状況そのものを支援の対象として捉え、関わり続けていく必要があるのではないかと思います。

通信制高校における「指導」と「支援」の分担

ただし、こうした支援を充実させるためには、ある程度の教員数が必要になります。生徒が自律的に学習を進められることを前提に、少ない教員数で多くの生徒を受け入れるというシステムは、現在の通信制高校にはなじみづらくなっているようにも思われます。

さらに考えると、通信制高校で十分な支援を行うには、生徒を「指導」する役割を担う教員だけではむずかしい部分もあるのではないかとも思われます。通信制高校では、大きな声や厳しい言葉が苦手な生徒や、他校において厳しく、時には理不尽な指導を受けた経験をもつ生徒への配慮もあり、教師が生徒に厳しく指導したり、強い上下関係を意識させたりするような場面はほとんどありません。しかしそうはいっても、高校生年齢の若い生徒を相手にするときには、場合によっては厳しい指導も必要になる場面があるでしょう。そこで、こうした関係性とは別に、養護教諭、スクールカウンセラー、スクールソーシャルワーカー、各種ボランティアなどが生徒とかかわる機会を多くもつことが、生徒の支援には不可欠なのではないでしょうか。

こうした考え方は、じつは通信制高校に限ったことではありません。小学校では、問題行動を起こす子どもに対する考え方として、「困った子」は「困っている子」なのだと言われることがあります。こうした考え方は、小さい子どもに限らず、見た目は大人に近づいている高校生に対しても、適用することができるように思います。問題を起こす生徒も、アクションを起こさない生徒も、何かしら支援を必要としている可能性は高いのです。さまざまな困難を抱える生徒を受け入れる高校の先生方にはぜひ、「勉強をする気になれない」という状況も生徒の困難として捉え、その状況や気持ちを受け止め、学習のとっかかりを示すといったことから始め、学び直しの支援や自習法のアドバイスなどを含む、切れ目のない支援をしていただけたらと思っています。

問題のある学校は問題を引き受けている学校である

そして最後に、「問題のある高校」は、「問題を引き受けている高校」である可能性が高いということを指摘しておきたいと思います。

目立った問題を起こすような「困っている生徒」を受け入れる高校は、一見すると、「荒れた高校」「問題のある高校」に見えます。しかし、そのようにして、ほかの高校に在籍し、卒業を目指すことがむずかしい生徒を受け入れる高校の存在は、普通科全日制高校をはじめとした「普通の高校」が卒業まで支え続けることのむずかしい、「困っている生徒」を受け入れ、卒業まで支え続けることができる可能性をもつ学校なのです。こうした学校が、さまざまな困難を抱える生徒たちを一手に引き受け、多くの困難に向き合い続けています。

【註】

（1）ただし、生徒の心理状態に対する配慮が重要であるとはいっても、学習支援を通したケアは、カウンセリングのような心理的ケアとは異なります。生徒が支援者に対して依存的になったり過度の自己開示をしたりすることなく、学習を介した関係が構築されていたことが、学習支援活動の大きな特徴の一つだといえるでしょう。

【参考文献】

土岐玲奈「通信制高校における生徒支援に関する学校臨床学的検討」『東京学芸大学大学院連合学校教育学研究科博士論文』二〇一六年
文部科学省『高等学校学習指導要領解説 総則編』東山書房、二〇〇九年
文部省『中等学校通信教育指導要領（試案）』文部省、一九四八年

第一〇章　通信制高校の歴史

石原朗子

はじめに

ここまで見てきたように、通信制高校には多くの若者が学んでいます。歴史的に見ると通信制高校には多様な年齢層が学んできましたが、二〇一六年の時点での通信制高校は十代が八〇％（一八歳までが七五％）、私立のみでは一〇代が九五％（一八歳までが九二％）となり、大半が全日制とほぼ同じ年齢層です。また、学校数（二四四校）の大半が私立高校（一六七校）です。

通信制高校には転入、編入してくる生徒もおり、中学卒業後すぐに入学する者と比べて卒業する者が多いという変わった構造があります。また、多様な環境の生徒が学んでおり、そのなかにはスポーツなど自分の道を究めるために通信制高校を選ぶ者も含まれます。

このような特色をもつ通信制高校ですが、その姿は時代を経て大きく変わってきました。ここでは、みなさんが見ている通信制高校を起点にして、過去へとさかのぼりながら、高校通信教育を見ていきます。そこから今の通信制高校の姿が当たり前ではないことや、高校や学校をめぐる変化があったことを見ていければと思います。

一．現在の高校通信教育

今、高校には九七％の人が進学します。高校には全日制・定時制・通信制があり、それら全体で三五〇万六千人の高校生が在籍しています。通信制高校には、そのうちの五・二％、一八万一千人が在籍します（二〇一六年五月一日現在）。

通信制高校は転入、編入生もいます。年間の推移を知るために二〇一五年度を見てみましょう。すると、転入、編入も合わせた入学者は年度初めには四万六千人程度ですが、年度を通算すると六万六千人程度になります。一五歳の生徒が全体のうち二万八千人ですから、年度初めの入学者にも転入・編入が多いと考えられますし、年度の途中で異動してくる生徒も多いことから転入・編入はかなり多いことが分かります。また、卒業者数は五万一千人程度で、中退者も一万三千人程度います。このように高校段階としては多様な入り口を設けて門戸が広い一方で、出口が必ずしも広くない特徴があります。この特徴は、私立に比べて公立に見られる傾向です。

このことから、中退者を受け入れている通信制高校からもまた中退者が出ているという状況があり、入学や卒業、退学という側面だけを見ても、通信制高校は、現在の高校教育の矛盾や問題を映し出す鏡となっています。

二、一〇年前の高校通信教育――多様な生徒への多様な学びの提供

それでは一〇年前、二〇〇〇年代はどうだったでしょうか。教育の世界に目を向けると、首相の諮問機関である教育改革国民会議の発足（二〇〇〇年）、文部省が科学技術庁と統合し文部科学省が発足（二〇〇一年）、完全学校週五日制の実施と学習指導要領の改訂（総合的な学習の時間の導入）（二〇〇二年）、教育基本法の改正（二〇〇六年）、学習指導要領の改訂（ゆとり教育の見直しによる授業時間と学習内容の増加）（二〇〇八年）、教員免許更新制の導入と実施（二〇〇六年提言、試行は二〇〇八年、本実施は二〇〇九年から）などがあります。この頃の施策は、一九九〇年代に

提示された「ゆとり教育」の推進や「生きる力」という学力観を反映し、学校におけるいじめ問題の深刻化や凶悪犯罪の問題といった教育のひずみへの対応、変わりゆく社会のなかで「自ら学ぶ」ことを重視するために生まれました。

こうした状況を踏まえながら、高校通信教育に目を向けてみましょう。すると、学校教育の抱える問題の解決策あるいは打開策の一つとしての通信制高校の姿が見えてきます。二〇一〇年代でこそ、私立高校が規模的には中心ですが、私立高校が公立高校の数を上回ったのは二〇〇三年でした。二〇〇三年には、公立高校は六八校、私立高校は七〇校でした。この頃の通信制高校に通う生徒数は一九九五年以降増加傾向で推移しており、一九九五年には一五万四千人であったのが、一〇年後の二〇〇五年には一八万四千人になっています。また、高校生の全体に占める通信制高校の生徒の割合も増加傾向で、その後も増加しています。私立の通信制高校の増加はこのような通信制高校の生徒数の増加に伴って起こりました。むしろ、通信制高校がニーズに応えることで生徒数を伸ばした結果が通信制高校の生徒数増加、割合増加につながったともいえます。

そのような二〇〇〇年代の生徒増の傾向のきっかけは、一九九〇年代の通信制高校をめぐる動きに見ることができます。ここでまず、一九九〇年代に台頭した三つの大きな通信制高校を紹介したいと思います。

①クラーク記念国際高等学校（一九九二年設立）

通信制高校と連携した技能連携施設の高等専修学校国際自由学園として一九八五年にスタートし、これを母体としてできた広域通信制高校です。技能連携施設とは、一九六〇年代に職場での学びを高校教育とつなぐものとして誕生した仕組みでしたが、この学校は技能連携の制度を新たな発想で取り入れた取り組みの一つです。

広域通信制高校とは、設置する都道府県とその隣接都道府県以外にも校舎を置く通信制高校のことです。私立の広域通信制高校は、制度化が認められた一九六〇年代に設置された後しばらく設置がありませんでしたので、一九九二年開学のクラーク記念国際高等学校は二〇年以上ぶりに設置された広域通信制高校でもありました。全日制・普通科中心の高校教育の枠のなかでは収まりきらない生徒にとっての教育を模索して通信制高校にたどり着いた新たなタイプの通信制高校の先駆けの一つであり、全国展開し、生徒数は一万一千人を数えます。

週五日通学（制服着用）の全日型コースを基本的な学びのスタイルとしてスタートし、現在では通学日数を選ぶこともできます。全日型コースでは柔軟なカリキュラム設定という強みを生かした特化型コースを複数置いています。二〇一六年には野球部が甲子園出場を果たしました。

②八洲学園（やしまがくえん）高等学校（一九九二年設立）

大阪で開校し、一九九七年に広域通信制高校となりました。特別活動を卒業要件の一部として重視し、関東・関西の専修学校高等課程と技能連携の提携を結んでいます。転編入を積極的に受け入れ、一人ひとりの状況にあわせたサポート体制・卒業後の進路実現を目指しています。通学日数として「毎日通学」「週一日～三日の午後から通学」「ＷＥＢなどのインターネット学習を中心とした在宅学習」など選択肢があることも特徴です。

③星槎国際（せいさこくさい）高等学校（一九九九年設立）

①と同様に通信制高校と連携した技能連携施設で、男子生徒の高校進学の道を広げた宮澤学園高等部として一九八四年にスタートしました。企業の外での学びの場として技能連携施設を活用した先駆的な取り組みの一つです。宮澤学園は四年制として始まり、一九九四年に三年制で男女共学になり、一九九九年より星槎国際高等学校となりました。

一九九〇年代当時、通信制高校のスクーリング（面接指導）は年間一五日程度で十分とされたなかで、登校日数を生徒の状況に合わせて自由に変えることができるようにしてスタートした広域制通信制高校です。週二日通学でスタートし、その後、週一日～五日の幅で通学日数が選択可能となっています。学校として特定のニーズに特化した教育ではなく、あらゆる生徒のニーズに応える選択肢の提供を目指しています。学習の点では、教科以外に総合学習や体験学習が重視されていきます。通学機会の実現のために全国に学習センターを設置しており、生徒数は五千人を数えます。近年、女子サッカーが全国で、野球部が激戦地区神奈川の上位で活躍しています。

これらの学校に見られるように、一九九〇年代には多様な学び方ができる通信制高校が誕生しています。一九八〇年代に校内暴力やいじめなど学校をめぐるさまざまな問題が噴出していたものの、当時の従来型の通信制高校の生徒は年齢がやや高めの層が中心で、高校を中退した生徒などの受け入れには学校間で温度差がありました。

それに対して、一九九〇年代は私立の通信制高校が増え、多様な生徒に向けた多様なサポートを行うことが通信制高校の新たな役割となりました。転編入学者の受け入れも積極的になり、不登校経験者やいじめを受けた生徒たちも行くことができる学校の一つとして、それらの問題を解決する一手段として通信制高校が注目されたのもこの頃です。

そのため、一九九〇年代、二〇〇〇年代は多くの私立通信制高校が誕生し、そのなかにはとくに広域通信制高校が多い特徴があります。学校数でいえば、私立の通信制高校は一九九〇年には一七校、二〇〇〇年には四四校、二〇一〇年には一三六校、二〇一六年には一六七校と着実に増えました。広域通信制高校はクラーク記念国際高校以前の一九九〇年には五校、二〇〇〇年には二一校、二〇一〇年には五九校（そのほかに株式会社立が二一校、公立が一校）、二〇一六年には八六校（そのほかに株式会社立が一九校、公立が一校）ありますから、こちらも着実に増えました。

一口に広域通信制高校といっても、その規模には大小があります。三つ以上の都道府県で生徒を募集していれば広域通信制高校になるわけですが、同じ広域通信制高校でも、近隣の三県のみの高校から、北海道から沖縄まで展開する高校まであります。規模でいえば数百人のところから一万人のところまであります。規模も違えば学校の目的、主眼を置くところも多様です。進学に力を入れるところも、スポーツに力を入れるところも、職業に通じるような高校以外での学びに力を入れるところも、課題活動や体験に力を入れるところもあります。そこに共通しているのは、全日制の普通科のように多くの時間を通学での学びに割いて教科学習に力を入れるのではなく、必要な教科学習をしつつも、その時間を凝縮して、他の活動に時間をかけるという特色です。

また、官から民への流れのなかで、二〇〇〇年代には構造改革特区が生まれました。構造改革特区とは、地域を限定して実験的に規制を緩和する実践を行う取り組みとその地域のことで、教育にかかわる教育特区では、株式会社による学校設置も行われました。株式会社立の学校はカリキュラムを自由に組み特色を出せるなどの利点のもとに生まれ、この制度を利用した通信制高校も複数生まれました。ただし、学校法人でないことで財政的な難しさもあり、その後に学校法人に変わった学校もあります。

私立や株式会社立の通信制高校は学費が決して安くはないものの、生徒個々人のニーズに合わせた教育を提供できる、教科の授業を最小限にして多様な学びを提供できるなど、強みを生かした教育を行うようになりました。かつての通信制高校のように最小限の通学のみではなく、生徒にとって無理なく、しかし通学したいときに通学できる通学型通信制高校が本格的に誕生したのもこの一九九〇年代、二〇〇〇年代です。「通信」なのに「通学」というのはパラドックスのようでもありますが、高校通信教育を「通信」による方法が主体と捉えるのではなく、高校教育の一形態として自由度の高い教育であると捉えた私立ならではの発想がこのような状況を生み出したといえるでしょう。

一方で、公立通信制高校の数は一九五〇年代前半から七〇～八〇校程度で推移しており、統合などはあるものの、古くからの公立通信制高校での伝統を引きついで、高校を卒業していない社会人や障害のある人など、通学制を選ばなかった若者以外の教育の場として機能していました。と同時に、この時期は、これらの高校も私立高校と同様に不登校経験者や転編入者などが増えていきました。

三、三〇年前の高校通信教育――冬の時代と一八歳卒業への道

次に、三〇年前、一九八〇年代はどうだったでしょうか。この時期は、共通一次試験（大学入試センター試験の前身）がスタート（一九七九年）、校内暴力・家庭内暴力の急増（一九八〇年頃）、四〇人学級がスタート（一九八〇年）、首相の諮問機関で後の教育政策に大きく影響する臨時教育審議会が「戦後教育の総決算」のスローガンでスタート（一九八四年）、いじめ問題の増加（一九八五年頃）などがありました。

高校通信教育に目を向けると、一九七〇年代から八〇年代、高校通信教育は冬の時代でした。一九七〇年代前半以降、通信制高校全体の生徒数は減少していきます。とくに、一九七二年からの一〇年間では通信制高校の生徒数は十六万人強から十三万人弱へ減少していきました。その後も一九八五年頃まではほぼ横ばいでした。この頃は、高校教育に占める通信制高校の生徒数は二・七％（一九八五年）で現在の五・二％（二〇一六年）と比べてかなり少なくなっています。

なぜでしょうか。これにはいろいろな要因がありますが、一つの要因として一九八〇年代以前の段階での高校進学率の急上昇が関係しています。具体的には一九六〇年に六〇％未満だった高校進学率は、一九七〇年に八〇％を超えて急激に増加、一九七四年には九〇％を超えました。とくに、一九七〇年代前半はオイルショックが起こり不況となるなかで、人びとがよりよい職に就くための方法として学力・学歴を求め、学歴主義と受験競争がすすみました。

こうしたなか、経済的な面で高校に行けない人が働きながら通信制や定時制の高校に行く状況が変わっていき、高校通信教育が適切な役割を見出せていなかった、若者が選ぶ高校教育として通信

制高校が十分な選択肢とは見られにくかった状況があります。それ以前は、仕事に就いてしまい高校卒業の機会を得られなかった人びとや、中学校卒業者後に就職して仕事をしながら通信制・定時制で学ぶ人がいましたが、その層が減ったことによる生徒数減少が通信制高校を直撃しました。これらも踏まえた生徒層の変化が見られるのもこの時期の特徴です。

ここで、当時の通信制高校の大半が加盟していた全国高等学校通信制教育研究会（全通研）のデータをもとに見ていきましょう。

一九八〇年の高校通信教育は生徒数が一二万六千人、平均年齢は二八・二歳でした。現在の通信制高校の状況から想像すると非常に平均年齢が高い印象を受けるかもしれません。この頃の生徒の状況を把握するヒントとして、全通研の要望事項（一九七九年）を見ると「託児施設の調査」「脱落防止」「生徒募集等の調査」「特科生（一部科目履修生）」「生徒の収入調査」などがあげられています。とくに、託児施設については、男性中心の勤労青少年の需要が減った代わりに、高校に行けなかった主婦層の入学が増えていたことを反映しています。

こうした新しい層が増えたものの、高校進学率の上昇を受け、生徒減少はまだ続き、一九八二年には一二万一千人にまで減少、その後、通信制高校の生徒数は横ばいで推移します。

一九八〇年代は生徒層について二つの動きがありました。一つ目が、前に述べた一九八〇年代前半の主婦層の増加です。二つ目が、十代の増加の始まりです。公立通信制高校である愛知県立旭陵高校の教諭で通信制高校の実態を報告した尾崎正忠は、当時の動向について、進学率が七〇～八〇%台であった昭和四〇年代（一九七四年まで）は十代よりも成人が多くなり、進学率が九〇%を超えた昭和五〇年代は三十代の女性が増え、その後、十代も増えてきたことを指摘しています。(1)

また、その十代については、身体的理由で普通高校に進学できない者や、進学したが学習中断した無職の若者が多く、高校教育の問題が背景にあることを指摘しています（前掲書）。さらに、全通研の飯田吉郎は一九八〇年代前半、高校全入化で通信制高校は中退者の「最後のとりで」として機能していたことを述べています(2)。一方で、同時期に公立通信制高校の神奈川県立厚木南高校の教諭で通信制高校の実態を報告した浅井武は、「早急な対策なくしては今後も通信制課程が全日制・定時制課程の安易な受け皿としての役割を担い続けるだろう(3)」と述べています。このことから、当時の通信制高校が中退者や不登校者の受け入れについて現場レベルで揺れていたことが分かります。当時は不登校生徒への対応や若年層への増加への対応が必要となりつつあったものの、必ずしもその役割を積極的に担えていなかった部分があったようです。

しかし一方で、この時期の高校通信教育には高校教育としての位置づけをより強固にする出来事もありました。それが修業年限の変更です。今でこそ、通信制高校、とくに多くの私立では高校を三年で卒業することも普通になりつつありますが、高校通信教育が制度化された当初、卒業に要する期間は「少なくとも四年、標準として五年ないし六年」とされており、高校通信教育は最低でも四年はかかるため、全日制とは違った扱いでした。この頃は、定時制でも卒業に要する期間は四年以上でした。しかし、一九八八年、通信制と定時制の修業年限は「三年以上」と法改正され、通信制高校の生徒でも一八歳で卒業する道が開けました。

通信制と定時制において単位制の考え方が再認識されたのも一九八八年（全日制では一九九三年）です。それまでも高校教育は単位制の概念の上にありましたが、一方で学年に影響される部分が大きく、学年ごとに課程修了の認定を行わなければならないとされていました。そのため、一学年で決まった単位を修得できないと留年させるケースも少なくありませんでした。それが、単位制が明示化されて、学年による教育課程の区分を設けない定時制や通信制の課程である単位制高校が生まれることにより、卒業まで自分のペースで単位を修得していくことが行いやすくなりました。つまり、ある学年での単位修得の失敗が学業全体に響くことが減りました。そのため、転入・編入する際の単位の移動がスムーズになったと考えられます。

以上のことから、この時期は通信制高校のあり方をめぐる揺れがあったものの、修業年限の短縮により通信制で学ぶ若年層も全日制や定時制と同じ期間で高校を卒業できるようになり、結果として高校通信教育が再び拡大する契機を作ったといえるでしょう。

四．五〇年前の高校通信教育——働きながら学べる高校

さらに、五〇年前、一九六〇年代はどうだったでしょうか。一九六〇年頃は高校進学率が急激に伸びており、一九六四年には進学率は七〇％を超えました。こうした背景から、機会均等よりも、それぞれの能力に応じた教育を受けるべきという能力主義や適格主義が進行していました。当時、高校生の多様化が進み始めており、それへの細かい対応を検討する声もありましたが、そうした課題意識は国民全体にまでは波及していなかったようです。

この時期は好景気も受けて教育の大衆化が急速に進んでおり、幼稚園の整備・増設（一九五六年から）や、小学校・中学校での教科書無償提供の実現（一九六三年）、四五人学級のスタート（一九六三年）など、義務教育段階までの整備も進んでいました。

じつは、通信教育のみで高校を卒業可能になったのは一九五五年のことです。その時点では高校通信教育は正規の高等学校の教育課程とは認められていませんでした。高校通信教育が全日制、定時制と同様の高等学校の一課程となったのは一九六一年の学校教育法の一部改正を受けてのことです。また、今でこそ数で主流を占める私立の通信制高校ですが、最初の私立通信制高校が発足したのもこの頃です。最初の私立通信制高校である近畿大学付属高校が通信教育を開始したのは一九五八年（同高校での通信教育は一九八五年まで）、その後、東海大学付属望星高校（FM放送を利用、一九五九年に付属高校通信教育部として開設、一九六三年に独立）、日本放送協会学園高校（現在の「NHK学園高校」、一九六三年開設）、向陽台高校（旧「大阪繊維工業高校」、一九六四年開設）、科学技術学園工業高校（現在の「科学技術学園高校」、初の通信による工業高校、一九六四年開設）、福智高校（一九六八年開設）と続きます。

一九六〇年代、日本は高度経済成長の最中にあり、高校通信教育もその恩恵を受けて発展をしていました。高校通信教育に教員などの形で長く携わった朝日稔は、自伝『私の手帖』のなかで当時を振り返り、「当時の通信教育は登り坂」であり、「当初の頃を思うと（中略）左団扇とはいかなくても、昔の苦労が嘘のように思われる」と述べ、またこの頃を「最も輝かし得意時代」と述べています。

一九六一年の学校教育法一部改正と、それを受けて実施された一九六二年の高等学校通信教育規程の改訂ではまた、通信教育のみの高校である独立校、自県と隣接県以外にも広がる広域通信制高校、技能連携制度が実現しました。

技能連携とは、職場などにある技能教育施設での学習の一部を高等学校の教科の一部の履修とみなせる制度です。これにより、企業が社員教育の一部として高校教育を行うことが可能となりました。たとえば、科学技術学園工業高校と技能連携をしていた学校には「日立工業専修学校」などがあります。当時、通信教育課程を除いた高校進学率が六〇％を超え、さらに七〇％へ向かい、中卒で就職する生徒が四〇％を切るなかで、技能連携制度は、企業が優秀な人材を集めることに一役買いました。

このように、高校通信教育が勤労青少年のための高校教育の色彩が強かった一九六〇年代、高校通信教育にはどんな生徒が学んでいたのでしょうか。働きながら学ぶ高校生が多かったことは各学校で共通しています。彼らは企業や団体から集団で入学していたため「集団生」（集団入学の生徒）と呼ばれていました。ただし、生徒層は学校によって特色があったようです。

ここでは、二つの高校を例に見ていきましょう。

一校目の神奈川県立湘南高校は、一九四八年にできた湘南中学校通信教育部を前身としています。この学校は、一九五四年より、神奈川県立愛林青少年訓練所（林業団体）の生徒を集団生として、一九六三年より陸上自衛隊の若者（少年工科学校生）を集団生として、一九七〇年には藤沢市医師会准看護学院の生徒を集団生として受け入れています。この学校にはそのほかに一般の生徒（個人入学生）も多く学んでいました。

二校目で前述の科学技術学園高校は、一九六四年設立の私立高校で、当初は関東のみの広域通信制高校としてスタートし、一九六〇年代～七〇年代にかけて全国化していきました。二〇一七年でこそ普通科がありますが、当初は機械科と電気科の二科でスタートし、各地域の工業高校とも連携協力し、中卒で働く技術者に高校教育、高卒資格を与える役割を担ってきました。

このように、当時は、個々人で入学してくる生徒もいましたが、それらも含め、多様な職業に就いたまま高校で学ぶために通信制を選ぶ若者が多かったことが特徴でした。

五．発足当初の高校通信教育――機会均等としての高校教育

最後に、七〇年前はどうだったでしょうか。

約七〇年前の一九四五年、第二次世界大戦が終わりました。日本は連合国の占領下に入り、日本の教育は連合国最高司令部（GHQ）やその下にあるCIE（民間教育局）から大きな影響を受けました。その結果、一九四七年公布・施行の学校教育法では、日本の学校教育は六・三・三・四制になり、最初の九年間、小学校と中学校が義務教育となりました。それ以前は時期にもよりますが義務教育は六年程度で、旧制の中学校の進学率は約七％（一九四〇年）で、小学校より上級学校である高等女学校等を含めても約二五％（一九四〇年）でした。それが、戦後すぐの一九五〇年で高校進学率はすでに四二・五％とかなり増えました。これは一九九八年の大学・短期大学への進学率とほぼ同水準です。ただ、そうはいっても高校は必ずしも全員に開かれたものではなく、戦前までの教育を受けた成人層には高校に行っていない人びとが多くいました。

こうしたなか、「それでも高校で学びたい」「高校の学びに触れたい」、そんな人びとの皆が教育の機会をもてるよう、教育の機会均等のために登場した仕組みの一つが高校通信教育です。

高校通信教育の法的根拠は学校教育法第四十五条（当時）の「高等学校は通信による教育を行うことができる」にあり、これを受けた一九四八年には、中学校・高等学校を対象とした『中等学校

通信教育指導要領（試案）』の序論のなかで「新しい憲法、教育基本法により、国民はひとしくその能力に応じて教育を受ける権利を有することになったが、新たに実施される通信教育は、勤労青少年はもちろん、広く一般成人に対してその教育の要求をみたし、進学の機会を与えるという大きな意味を持つものである」と紹介されています。

このように、当初の高校通信教育は、教育を受けてこられなかった人びとに対して、世代を超えて教育を提供する役目を担っていたことが当時の文書から分かります。

しかし、先に述べたように、高校通信教育は当時それだけで高校卒業に足る教科数、課程を提供できていませんでした。そこで当時は、通信制と定時制を同時に履修する定通併修という方法で高校卒業までの教育を提供していました。

なぜ高校通信教育のみで卒業ができなかったのでしょうか。その理由は一九五〇年に出された『中等学校通信教育指導要領（試案）補遺』のなかに中学・高校の共通の事柄として示されています。そこでは、「有能な社会の形成者を養うという目標は通信教育だけによっては達成されない」と考えられ、「個人の資質を最大限に伸長する目標や職業的能力を養う目標についても通信教育だけでは達せられない」と考えられていました。また、「事実の学習を主とする科目は通信教育でやれるとしても、技能や態度が大きな重みをもつ科目、とくに実験、実習をおもな内容とする科目は通信教育ではその目標を満足に達成することができない」とも考えられていました。当時の高校通信教育はまさに時間の制約のある人びとに対して、限られた時間で、教材が十分かも保証されきらないなかでの実施でしたので、人びとを社会の形成者とするような人格形成の機能や、実験等の体験が必要な科目での学習は不可能と考えられていたことが分かります。当時、すでに大学でも通信教育が行われ、大学では卒業も可能でしたが、大学の場合では長期のスクーリングが課されており、通学なしの教育は限定的なものでしかないと考えられていたといえます。

ただし、『中等学校通信教育指導要領（試案）補遺』では「これらの科目は現在の段階で実施可能と考えられるものであって、これ以外の科目については、将来前述の条件が満足され、充分な学習効果をあげうる保障が与えられるものについては研究のうえ逐次追加してゆきたい」ともされており、将来の高校教育としての整備もその視野には入っていました。

とはいえ、科目の拡大のみでは人格形成の機能までは補完できませんから、これらの記述から、当時の高校通信教育は学習内容の提供の場としては認められてはいたものの、完結する高校教育としては認められていなかったことが物語られるでしょう。

では、卒業できない通信教育は価値のないものだったのでしょうか。そんなことはありません。たとえば、一九四八年に実施された通信教育初年度の高校通信教育の実施にかかる試験では、全国実施校九三校、合格生徒数八七九五名で倍率は二・五倍近くあり、高校通信教育は人気の高いものでした。これは国語一科目のみの実施だったにもかかわらずです。

このように、高校教育には当初から人びとの教育への熱望が表れています。その一方で、始まったばかりは教科書、学習指導書、教師の力量、文部省の主管局（担当部門）の問題などで課題も多く、新聞に「通信教育は〝開店休業〟」（朝日新聞一九四八年一〇月二七日）と書かれたこともありました。

こうしたなか、高校通信教育にたずさわる先生方、関係者の努力により、学習指導書などが整備され、開講科目はどんどん増えていきます。一九四九年からは、先にあげた定通併修制度も発足します。当初は国語や数学、社会科系、地学など、教科書での学習で可能な科目が中心だったものが、一九五三年にはNHKの通信教育生向けの放送の開始も受けて、英語や生物、保健、家庭科など一二科目が追加され、科目数が大幅に増加、一九五五年には物理、化学、工作（科目名は当時）が追加され、実施科目は二六科目となりました。そして、「通信教育による高等学校の卒業を認めることにした」とされ、通信教育のみでの卒業が可能になりました。生徒数も実施から八年で六倍（八七九五名から四六〇三六名）となりました。その後、通信制高校は、生徒数の減少の時期も経ながら、現在のように生徒数を伸ばしていきます。

おわりに

ここまで高校通信教育について、時代をさかのぼりながら見てきました。戦後すぐに生まれた高校通信教育は八年かけて一九五五年に「ようやく一人前に」（『私の手帖』）なり、さらに六年経った一九六一年に「ようやくにして成人式をむかえ、実体に衣が着せられた」といえます。さらに、大人になった高校通信教育は時代ごとの役割を担いながら発展・成長をしてきました。そこには関係者のさまざまな思いがあり、通信教育の「複雑性と多様性を認めたなかで、この教育を内側から改善する努力を必要」（『高校通信制教育四十年史』）と感じた人びとに支えられ、変化のなかで「新しい発展」を「単なる過去の延長ではなく、混沌の中にロマンを賭ける」想いで進められてきたものでした。

そして、一九七〇年代～八〇年代には勤労青少年の減少により停滞期を迎えるものの、その後、不登校の生徒の増加を踏まえ、多様な進路を選択する生徒のための高校という新しい役割を見出し、今までの衣にさらに新しい衣をまとうことで、新しい役割を担い、現在は高校教育のあり方の一つの可能性として、着実に世の中に根づいています。

高校通信教育、通信制高校に対しては、世代により、また各自の経験やかかわり方により多様な見方が存在すると思います。それは高校通信教育が右で述べたような多様な役割を担ってきた歴史にもよります。

一部の人のみが高校教育を受ける時代から、多くの人が高校教育を受ける時代、さらにほとんどの人が高校教育を受ける時代になりました。大学も選ばれた人が進学する時代から希望する多くの、同世代の半分もが進学する時代になりました。もっとも、進学率の高い東京都では大学・短期大学に進学する者はすでに七割にものぼります。

このように時代を経て進学率が上昇し、高校・大学の役割が変化するなかで、通信教育も役割を変えています。通信制高校が担った、学べなかった中高年が学ぶような機能は、いまや通信制大学に移りつつあり、通信制高校は理由があって全日制の高校に行かない選択をした十代の若者が選ぶ進学先になりつつあります。一方で、その歴史から、通信制高校は高校に通えない多様な人びとに開かれるべきでしょう。

高校教育を受けたい、受ける必要があると感じている人びとのために、今後も高校通信教育に求められるものは深くて大きいと思われます。

【註】

（1）『日本通信教育学会研究論集』第三〇号　六一―六六頁、一九八二年
（2）『日本通信教育学会研究論集』第三二号　一四五頁、一九八三年
（3）『日本通信教育学会研究論集』第三七号　三七頁、一九九〇年、

【参考文献】

浅井武「通信制高校への転編入生の実情について」『日本通信教育学会研究論集』第三七号、一九九〇年
朝日稔『私の手帖』朝日稔叙勲記念事業実行委員会、一九八三年
飯田吉郎「通信教育の基本的な課題　発表2」『日本通信教育学会研究論集』第三二号、一九八三年
尾崎正忠「高校通信教育における入学生徒の年齢構成について」『日本通信教育学会研究論集』第三〇号、一九八二年
日本児童教育振興財団『学校教育の戦後70年史』小学館、二〇一六年
全国高等学校通信教育研究会『高校通信制教育三十年史』日本放送出版協会、一九七八年
全国高等学校通信教育研究会『高校通信制教育四十年史』日本放送出版協会、一九八七年

第一一章　通信教育をめぐる思想

古塚典洋

一・「今」を知ること

通信教育の栄光と挫折は、「へだたり」という概念によってもたらされました。この概念は通信教育のアイデンティティを確立させ、そしてアイデンティティを危機に陥らせました。両義性をもつ「へだたり」は、歴史の表舞台に立ったり袖に控えたりしながら、いまもなお通信教育の中心にあり続けています。本章では、この栄光と挫折の物語を辿りながら、通信教育をめぐる思想について考えていきます。

現在、通信制高校を含めた高校教育の改革は急を要しています。二〇一四年一一月に中央教育審議会で開始された「初等中等教育における教育課程の基準等の在り方について」の議論や、同年一二月の中央教育審議会答申「新しい時代にふさわしい高大接続の実現に向けた高等学校教育、大学教育、大学入学者選抜の一体的改革について」が示すように、高校教育の改革はいわゆるアクティブ・ラーニング――課題の発見と解決に向けて主体的・協働的に学ぶ学習――の活用と、それに応じた学習・指導方法や学習評価が模索されています。通信制高校のあり方は大きく変わろうとしていますし、実際に変わってきています。そこで私たちに求められているのは、通信制高校の今の姿をきちんと理解することです。

通信制高校の「今」を理解するとは、どういうことでしょうか。理解の第一歩は、これまでに通信制高校が歩んできた道のりを知ることでしょう。いうまでもなく、「今」とは「過去」の積み重ねに他ならないからです。そしてここでいう「知る」とは、たんに時系列的な出来事を情報としてもっているということではなく、なぜその出来事がそれとして生まれ、歴史に記憶されているのかを説明できるということです。そのためには、これまで人はなにを基盤として、なにを基準に通信制高校を考えてきたのか、さらに通信制高校を背後で支える通信教育の理念や概念をどのように捉えていたのか、を根源的なところにまで遡って考察していく必要があります。それは、理論が発生してくる場や思想が誕生してくる場にまで立ち戻ることを意味します。

「今」を理解するためには「過去」を知るということ、これではまだ不十分です。教育という営みが、正解の考えや絶対の方法が存在しないなかにあっても、「こんなことを分かってほしい」「こんな人になってほしい」という願いにも似た教育者の想像力を介する未来への贈与であることに鑑みれば、「今」を理解するためには「未来」もまた知る必要があります。

それでは、いかにして未来を知ることができるのでしょうか。ここに、理論の必要が生じます。理論とは、個々の現象や認識を統一的に説明することで予測することのできる総体的な知識のことです。理論の特徴はあらゆる出来事に適応できる普遍性を有していることにあるため、私たちが実際の出来事に対応しさまざまな意思を決定する際の指針となりますし、未来に向けて必要な判断の基盤を提供します。

つまり、通信制高校そして通信教育の「今」を知ろうとするならば、「過去―今―未来」の重層的な歴史のなかでその営みを捉えていかなければなりません。そこで大切なことは、それぞれの時代に人びとはなにを感じ、いかにふるまっていたのか、を理解することです。こうした人びとの精神を社会の総体として把握することができれば、人の生き方と社会のあり方の交点として通信教育を捉えることができるはずです。ここに、思想をとりあげる意味があります。思想とは、私たちのものの見方やふるまいといった人の生き方や人の存在そのものを扱うもので、根源性をもった全体的な考えの表現だからです。ですから、通信教育の理念や概念は、私たちの日常と無関係に存在しているものではなく、むしろ私たちのそれぞれの考えやふるまいを結晶させたものとしてあるのです。

通信教育の栄光と挫折の物語は、理論が生まれさまざまに発展を遂げた海外を舞台に展開します。本章では、まず、「通信教育」という言葉を手がかりに、通信教育の歴史や成立の条件を確認します。次に、理論の発生とその発展の様相を整理しながら、通信教育の核心を探ります。最後に、この栄光と挫折の物語が私たちに問いかけるものについて考えていきます。

二．なぜ「通信教育」という言葉が存在しているのか？

通信教育の歴史

この問いからはじめましょう。なぜ「通信教育」という言葉が、私たちの社会に存在しているのでしょうか。「通信教育」は人類の歴史の出現とともに生まれた言葉ではもちろんなく、ある時代にある社会である理由があって生まれた言葉です。ここであえて言葉に注目するのは、言葉とは文化や歴史や集団によって規定される社会的なものであるため、「通信教育」という言葉を捉えることで、その社会の様子や通信教育が社会に生まれてくる条件が理解できるようになるからです。これは、その年の世相を反映した「新語・流行語」をイメージすれば分かりやすいでしょう――ちなみに第一回（一九八四年）の新語は「オシンドローム」、流行語は「まるきん　まるび」でした――。

それでは、通信教育という営みはいつから始まり、通信教育という言葉はいつ生まれたのでしょうか。じつは、通信教育の起源を正確に特定することは難しい問題です。手紙を用いた教授の方法という観点でいえば、ギリシア時代にプラトンがディオニュシオス王に手紙を送って、国家の統治のあり方について教授したという記録がありますし、日本においても、江戸時代に本居宣長が全国に散らばる門人に対して書簡による教授を行なっていたとの指摘があります（白石、一九九〇）。

しかし、体系化された知を組織化された方法によって教授する、今日のような通信教育の起源を探し求めるとすれば、それは一九世紀半ばのヨーロッパに見いだすことができます。たとえば、「紳士淑女のみなさま、郵便というメディアを用いた作文教育の機会は、いかがでしょうか」との勧誘が、一八三三年のスウェーデンの新聞広告上でなされていますし、一八四〇年のイギリスではアイザック・ピットマンが「ペニー・ポスト」――郵便の基本料金を距離別でなく全国均一の一ペニーとした――を用いて速記術の教育を始め、その三年後には速記教育のための教育機関が設立されました。そこでは教育機関から一週間ごとに速記法の教材が生徒へと郵送され、生徒が学習した内容――たとえば聖書の一節を速記に変換――を返送してもらい、教育機関がまた教材とともに添削物を郵送するというものでした（Hanson et al 1997, Keegan 1996）。

当時のヨーロッパでは、イギリスを中心に近代的な印刷技術の発展や出版産業の確立、安定的で効率的な輸送網の構築などの一連の技術的な革新が起こっており、こうした社会のなかから通信教育が生まれてきたのです。

成立の条件

こうした事実から、通信教育が、つまり「教師が教材を生徒に送り、それを受け取った生徒は教材に学びながら課題をこなして返送し、それを受け取った教師は添削を行い、教材とともに添削結果を生徒に送る」という一連の営みが成立する条件が分かります。

第一に、紙というメディアが存在することです。もともと自然界にはない物質である紙が現に私たちの目の前に存在しているのは、生産技術によって生みだされたからに他なりません。ここから、紙は文明の産物であることが分かるでしょう。ものを書くこともできれば、折りたたむことも破ることも印刷することもできる紙は、いまやだれも気に留めないほどに当たり前の存在となっています。しかしここで、紙が私たちの社会の制度や生活の様式にとって基盤となるメディアであることに改めて注目する必要があります（ミュラー、二〇一三）。たとえば、紙という紙が私たちのまわりからすべて消え去った世界を想像してみてください。書物も書類も定期刊行物も新聞も雑誌もない世界です。どうでしょうか。少し想像を巡らせるだけでも、私たちがいかに紙に依存し紙とともに暮らしているのかが分かるでしょう。

第二に、印刷と郵便という社会インフラの確立があります。互いに遠く離れた教師と生徒が文通できるという前提には、紙を大量に複製できる印刷技術と、郵便物をいつどこから出せばいつどこへ届くのかが分かるという安定的な郵便制度の確立があります。この「紙と郵便の相互浸透」の成立が、ヨーロッパでの一七世紀の活発な書簡のやりとりを支え、やがて一八世紀における雑誌の誕生へとつながっていきます（ミュラー、二〇一三）。通信教育の基盤は、このような近代に生まれた産業に支えられているのです。

第三に、欲望する人びとの存在です。文通の利用には、基本的な読み書きの能力が求められますが、なにより大切なのは、手紙を利用する教育形態が魅力的なものとして人びとの目に留まる必要があるということです。人びとが通信教育を利用する動機は、学歴や資格の取得といった立身出世から趣味や教養に至るまで多岐に渡っていますが、いずれにしても、通信教育の成立にはそれを欲望する人の存在を欠かすことはできません。そして、こうしたさまざまな欲望が生まれる土壌には、教育の自由を許容する社会の存在があります。

このように通信教育という営みは、①紙というメディア、②印刷と郵便という社会インフラ、③欲望する人びと、の三つの存在を前提としています——①と②は形式的な条件、③は実質的な条件といえるでしょう——。いいかえれば、通信教育は近代社会をその成立の条件とするのです。一九世紀半ばのヨーロッパで産声を上げた通信教育は、アメリカやアジア諸国へと広がっていきました。

ところで、私たちが深くものを考えるときとは、どのような場合でしょうか。話をしている相手から思いもよらない反応があったとき（なぜあんなことを相手はいったのだろう?）、見ず知らずの土地に赴いたとき（どうすれば目的地にたどり着けるのだろう?）、リンゴが木から落ちるのを目にしたとき（なぜ物は落ちるのだろう?）など事情はさまざまですが、人はこれまでに体験したことのない状況に身を置いたときに、深くものを考えることは間違いないでしょう。

これと同じような状況に、通信教育の母胎であるヨーロッパ社会や、通信教育がさまざまに発展を遂げたアメリカ社会がありました。これまで「教育」といえば、学校の教室のような教師と生徒がともに同じ場所にいることが当然であったときに、教室を舞台としない教育が登場してきたのです。おそらくそれを初めて知った人たちには戸惑いや驚きがあったでしょうし、この不思議な「通信教育」なるものをなんとか理解しようとしたはずです。そうすると、この不思議なものを捉え、それを記述する新しい思考が要請されることになります。この新しい思考の集積が、のちに理論として結晶していくことになるのです。ただ、通信教育の関係者は、学校教育の補完や教育の機会拡大という時代の要請する喫緊の課題に注力していたために、理論の登場は今世紀半ばまで待たねばなりませんでした。

三、理論の登場と発展──「へだたり」の誕生

「違う時間と違う空間」

これまでに「通信教育」という言葉の意味を曖昧にしたまま話を進めてきました。これから通信教育の理論の様相を見ていくにあたって、ある程度視点を定めておきたいと思います。そこでまず、通信教育の大枠を捉えるために、教育を「時間」と「空間」の二つの変数に分けて、そこに通信教育を位置づけてみましょう。垂直軸に時間を水平軸に空間を配して、「同じ／違う」の相から考えてみます。すると、私たちは【図表11―1】を得ることができます。

この図表から、理論が生まれた一九五〇年から八〇年代半ばには、三つの教育形態があることが分かります。教師と生徒が教室を舞台に「同じ時間と同じ空間」で行われる「学校での授業」、生徒が自分の都合に合わせて学習センターや自習室に来て「違う時間と同じ空間」で行われる「個別教育」、教師と生徒が互いに遠く離れており「違う時間と違う空間」で行われる「通信教育」、の三つです。そして、この「違う時間と違う空間」で行われる教育形態であることが、通信教育の特徴の一つなのです。まず、この点をおさえておくことが重要です。なお、第二象限が空白なのは、この時代には「同じ時間と違う空間」の教育が存在しなかったためです。「同じ時間と違う空間」の

【図表11-1】　通信教育の領域

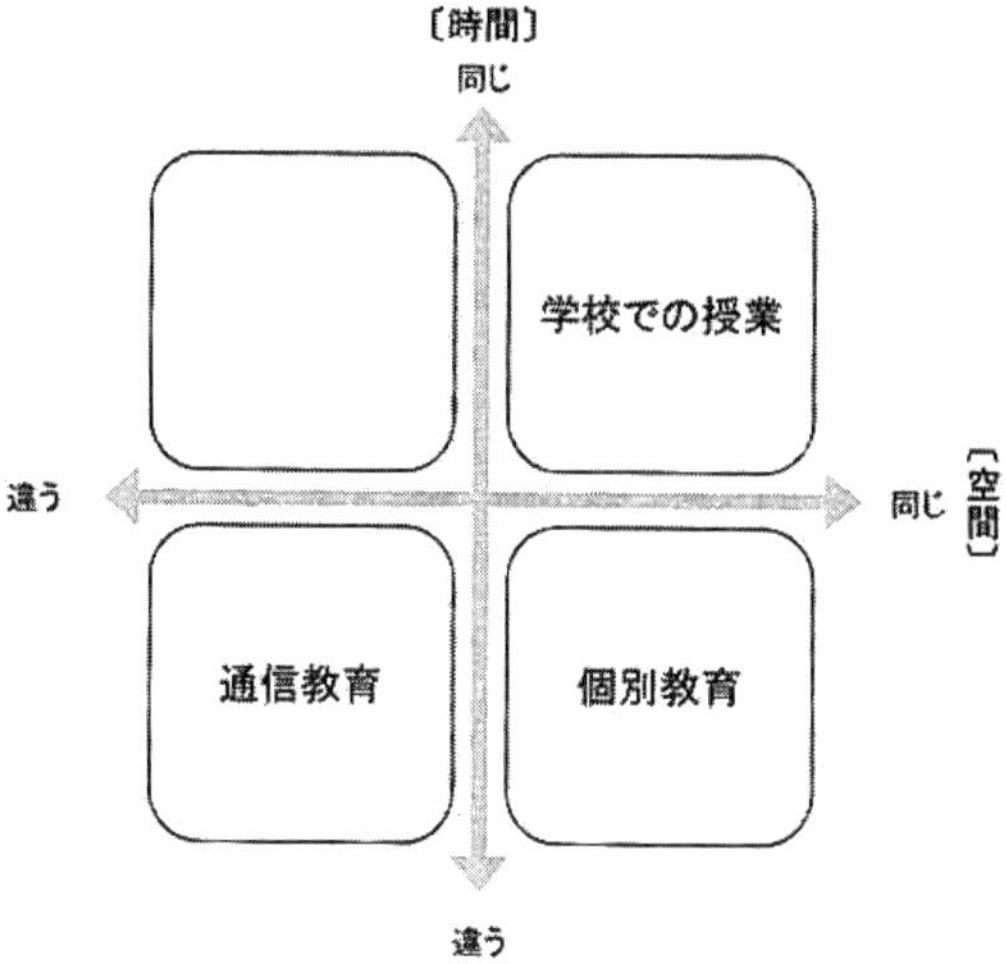

教育形態の登場は、のちのテクノロジーの発展を待たねばなりませんでした。

さて、この「違う時間と違う空間」の教育の理論化がさまざまに試みられました。ここでは、そのなかでも代表的なものを三つ紹介したいと思います（Keegan 1996, Hanson et al 1997, 鄭・久保田編、二〇〇六）。自律性・独立性理論、教育の産業化理論、インタラクション・コミュニケーション理論です。これらの理論は、主に印刷教材や手紙を用いた教育や学習形態を対象に導き出されたものでした。

自律性・独立性理論

一つ目の自律性・独立性理論は、一九五〇年代から八〇年代前半にかけて、教育の機会均等の理念をもとに生まれた理論です。教えることと学ぶことはそれぞれ独立に行うことができ、教師と顔を合わせない生徒は自律的に学ぶことができる、というのがこの理論の前提です。教えることとは、生徒のニーズを的確に把握しそれに適った個別化された方法で教授することであり、学ぶこととは生徒自らの自由と責任に基づくものとされます。したがって、通信教育の役割は生徒にいつ・どこで・なにを行うのかという学びの自由と責任を与えることにあります。この学び方は「独立学習」や「自己主導型学習」と呼ばれています。

それでは、具体的な中身を理論の支柱であるマイケル・ムーアに拠りながら見ていきましょう。人文科学全般に精通するムーアは、通信教育を互いに離れている教師と生徒が相互に影響を及ぼし合う行為として捉え、その相互行為を「交流」と呼んでいます。

このムーアの最たる特徴は、「交流距離」という概念で通信教育の類型化を試みたところにあります。ムーアは、交流距離とは教師と生徒のあいだに生じるすれちがいを招く恐れのある心理的空間のことで、交流距離はいかなる教育的活動においても、教師と生徒が同じ空間内で対面する場合においても存在するといいます。この交流距離は、教師と生徒が互いに離れているという「へだたり」と「生徒の自律性」の二つの変数から成り立っていて、「へだたり」は「対話」と「構成」（情報の完成度や情報の自己完結度）の二要素から測定できるとされます。たとえば、通信添削の形態は教材の構成の度合いが高いですが、教師と生徒の会話がほぼないために交流距離は大きくなり、逆に、テレビ会議の形態は構成の度合いが低いですが、会話に重点がおかれるために交流距離が小さい、といった具合です。つまり、へだたりが大きくなるほど生徒は教師とのやりとりが難しくなり、へだたりが小さくなるほど互いのやりとりは容易になります。

通信教育の核心は、この「へだたり」と学びの大切な資源である「生徒の自律性」を総合的に捉え、交流距離を測定することで、それぞれの生徒に応じた学びの方法を提示することにあるのです。

教育の産業化理論

二つ目の教育の産業化理論は、一九六〇年代から八〇年代にかけての教育の大衆化という現象をもとに生まれた理論です。この理論は放送大学のような大規模な通信教育機関の登場を背景に、ドイツのフェルン大学（遠隔大学）の初代学長であったオットー・ピーターズによって生みだされました。ピーターズの特徴は通信教育を教育や学習の過程が産業化された形態であると捉え、通信教育は近代産業社会以前には成立しないという認識を示しているところにあります。

ピーターズによれば、通信教育は「産業化」の概念によって理解することができ、通信教育の特徴は近代産業社会の商品生産と類似しています。そのため、通信教育の教材の設計や運営の過程と商品の生産過程とを比較し分析することによって、通信教育の特徴を捉えることができるといいます。たとえば、この理論では「合理化」「分業」「大量生産」「組織化」「科学的統制方法」「規格化」「集中化」という概念が分析の方法として用いられています。

この理論の特徴は、次の四点に集約できます（鄭・久保田編、二〇〇六）。第一に、通信教育の教育過程――教材開発、授業、伝達体制、評価――を分業体制のアナロジーとして描いていること。第二に、通信教育の教材制作の体制――標準化された工程から一定の質の教材が大量につくられる――を産業の大量生産体制を規格化したアナロジーとして見ていること。第三に、ラジオ・テレビなどのマスメディアを活用し多人数教育を強調していること。第四に、通信教育を、教育や学習過程の不具合を自らモニタリングし解消する機能――工場での品質管理システム――を備えているものと見なしていること、です。

このように教育の産業化理論は、産業化という視点から通信教育を捉えていることに特徴があります。

インタラクション・コミュニケーション理論

三つ目のインタラクション・コミュニケーション理論は、一九七〇年代から八〇年代半ばにかけて、社会が大衆化から成熟化へと向かう過程のなかで生まれた理論です。ここではスウェーデン出身の主にヨーロッパで活躍しているヴォーレ・ホームバーグに注目して、この理論の特徴を概観しましょう。

ホームバーグは、通信教育を教材を介した教師と生徒のコミュニケーションと捉えています。この教材への注目に、ホームバーグの特徴が表われています。ホームバーグによれば、教材には「洗練した文書」と「内面化された会話」の要素が不可欠で、教師と生徒が離れている状況にあっても、教材はあたかも対面で接しているかのように教師の身体性を生徒に感じさせることが大切であるといいます。ホームバーグは、生徒が教材――教師の意図が埋め込まれている――に導かれるように学習を行うことを、ある種の「案内つきの教育的な会話」と見なしているのです。この議論の背景には、教師と生徒のあいだに信頼関係が生まれると、学ぶことが楽しくなり学習動機が高まることや、知的な喜びや学習動機は学習目標の達成に良い影響を与え、適切な学び方と学ぶ方法を選択できるようになる、といった学びへの認識があります。

通信教育の教材は効率的に知識を吸収するものではなく、教師と生徒の会話を生み出し、両者の関係を構築する手段と見なすところに、インタラクション・コミュニケーション理論の特徴があります。

「へだたり」の誕生

私たちはこれらの理論の登場によって、通信教育という営みを「過去―今―未来」の重層性のなかで捉える枠組みを得、さまざまな現象を的確に分析するための有益な道具を手に入れることができました。しかし、さらに重要なことがあります。それは、理論の登場によってはじめて、教育という営みのなかに、教師と生徒のあいだにある「へだたり」が発見されたことです。へだたりの誕生は、教育学の自明性を根底から揺るがすものでした。教師と生徒が同じ場所で同じ空気を吸っていることを当然のことと見なしてきた従来の教育学にあって、両者が時間も空間も共有しない教育など、想像が及びもつかないことでした。これを通信教育の側から見れば、へだたりの誕生によって、通信教育は教育学のなかにへだたりを核とするアイデンティティを確立することができたのです。

こうして通信教育はへだたりがあることによって、「いつでも・どこでも・だれでも」アクセスが可能な教育として社会から認知され、多くの人びとの多様なニーズに応えることで、教育機会の平等に大きな役割を果たすようになりました。

それでは、このへだたりをそれぞれの理論はどのように捉えていたのでしょうか。確認してみましょう。

自律性・独立性理論は通信教育を「交流」として見、「対話」と「構成」によって成るへだたりとは教師と生徒の距離を測る概念でした。ここで注目すべきは、へだたりを語る際の議論の前提です。ムーアの定義に象徴されるように、そこには教師と生徒が互いに離れている、正確にいえば、両者が物理的に――時間的にも空間的にも――離れているという認識があります。したがって、自律性・独立性理論では、へだたりを物理的に捉えていることがわかります。

次に教育の産業化理論ですが、これは通信教育を「産業化」のアナロジーとして描いていたのでした。この産業化やそれに伴う商品生産の隠喩は、工場での生産過程を経て消費者へと商品が配送されるイメージで用いられています。そこでは、教師と生徒は、互いに顔の見える存在として想定されてはいないでしょう。したがって、教育の産業化理論は教師と生徒の時間的な空間的な分離を前提に立論がされているため、へだたりは物理的に捉えられていることが確認できます。

最後のインタラクション・コミュニケーション理論では、通信教育を教材を介した教師と生徒の「案内つきの教育的な会話」として見なしていたのでした。この理論がなぜ教材を会話を生み出す手段と見なしていたのかといえば、それは教師と生徒が対面が難しい状況にあることを前提としているからです。したがって、インタラクション・コミュニケーション理論でもへだたりを物理的なものとして捉えています。

このようにいずれの理論においても、へだたりは物理的なものとして認識されていることが分かります。通信教育のさまざま定義を分析したデスモンド・ケーガンの言葉を借りると、これらの理論の最大の特徴は、「ほとんどの学習過程において教師と生徒が離れていること」と、それゆえの「学習グループがほぼ存在しないこと」に求めることができます（Keegan 1996）。

四．「へだたり」をめぐって

転倒の根源

一九八〇年代半ば以降になると、これらの理論に対する批判がでてきました。ここでは、その代表的論者である教育学と心理学の接合を図るランディー・ガリソンとカルガリー大学（カナダ）で彼の同僚であったダグ・シェイル（Garrison 1989, Garrison & Shale 1990）に依りながら議論の中身を見ていきたいと思います。

ガリソン＝シェイルは、従来の理論の定義は教育や学習形態の多様さを示す今日の実情にそぐわず、しかも原因と結果を取り違えている、と指摘します。ガリソン＝シェイルはこういいます。従来の理論では、教師と生徒が離れているため、その両者を架橋するためにメディアを利用することによって、教えることや学ぶことが成立するとされている。しかしこの認識は、まったく転倒している。教師の生徒への教育的な意図や生徒の学習への多様なニーズがあることによってはじめて、教えることや学ぶことに対するメディアの利用の可能性が現れてくるのだ。メディアを利用することで教えることや学ぶことが生まれるのではなく、これこれを学んでほしいといった教師の意図やこんなことを学びたいという生徒のニーズがあることで、その意図やニーズに適ったかたちで二次的にメディアの教育への利用価値がでてくるというわけです。

ガリソン＝シェイルはこうした転倒の根源を、「形態学的な志向性」や「分類学的なアプローチ」に見ています。つまりこういうことです。従来の定義は、教師と生徒が物理的に離れているという形態や外見から演繹的に導きだされたもので、そこにはへだたりの過度な強調があります。なぜへだたりを過剰に捉えるまなざしがあるのかといえば、へだたりこそが通信教育の固有の特徴であるとみなす意識が潜んでいるからです。したがって、従来の理論では、限られた教育方法や学習支援の環境のもとでいかに教える―学ぶという行為を捉えるべきか、という本来であれば決定的な論点が無視されます。そして反対に、教師や生徒の「行為」ではなく、付随的に考慮すればよいはずの「へだたり」や、そこから派生する「形態」に過度に関心を向けてしまうのです。

形態論から行為論へ

こうしてガリソン＝シェイルは、従来の通信教育の教育や学習の捉え方、つまり、教師が「包装された知」としての教材を生徒へ伝達し、それを生徒が消費するという一方向的なコミュニケーションを「錯覚」として退けます。そこでガリソン＝シェイルは、将来の通信教育の発展可能性を見越した上での最低限の基準として、次の通信教育の定義を提案します（Garrison 1989）。

・通信教育とは、教師と生徒のあいだの教育的コミュニケーションの大半が非接触的に行われるということを含意する
・通信教育とは、教育過程を促進し支援するための、教師と生徒のあいだでの双方向コミュニケーションを必然的に含むものでなければならない
・通信教育とは、双方向コミュニケーションを媒介するためのテクノロジーを用いる

この定義の背景には、テクノロジーの発展による社会のネットワーク化と知のパラダイムの転換

【図表11-2】　通信教育の領域の変容

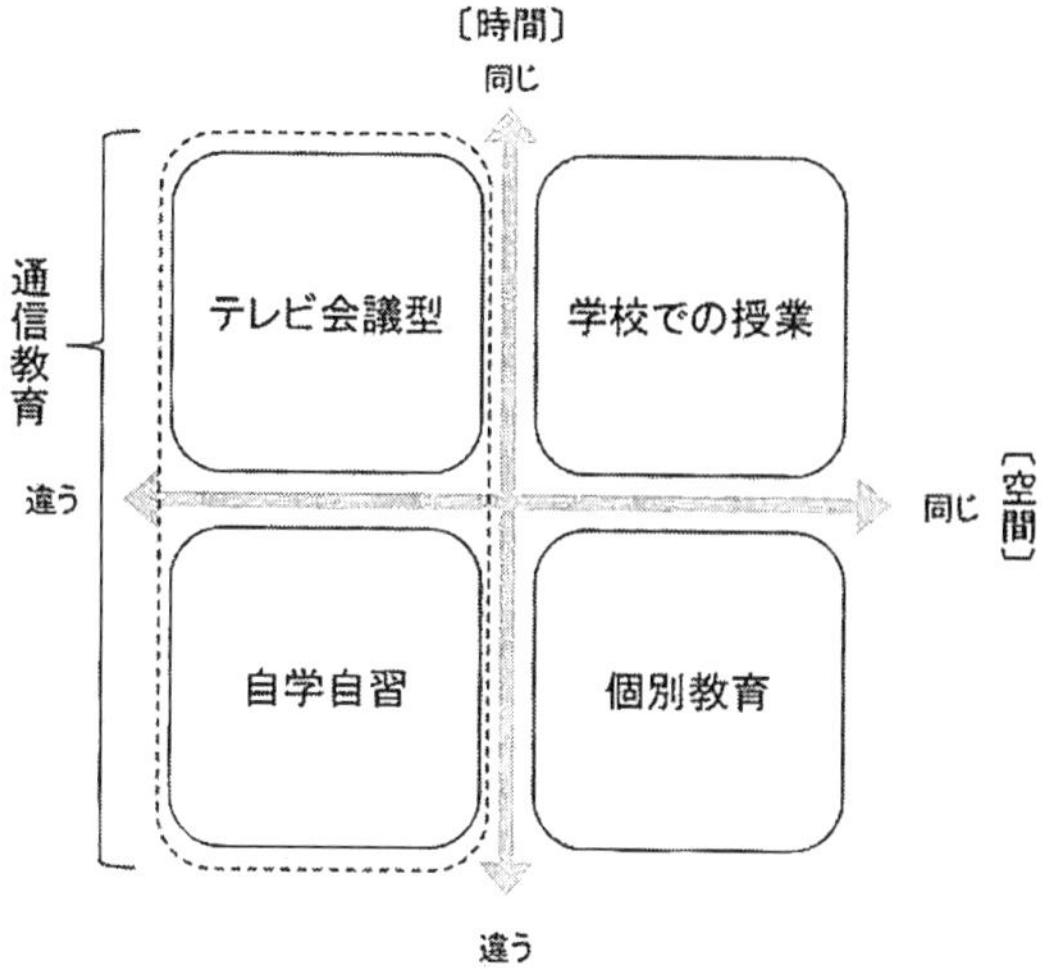

の存在があります。まず現象的に確認すべきこととして、従来の理論で教材として想定していたのは紙やラジオ程度のメディアでしたが、次々に出現する新たなテクノロジーによって、これらに加えてテレビやICTなどのあらゆるメディアの通信教育への利用の可能性が拡大しました。いまや通勤や通学の際にスマートフォンを使って学ぶ風景も珍しいものではありませんね。

　こうして、これまで存在していなかった「同じ時間と違う空間」で行われる「テレビ会議型」が現れることで、通信教育の領域に変容が起きました。従来の「違う時間と違う空間」での「自学自習」だけでなく、「同じ時間と違う空間」での「テレビ会議型」も通信教育としてみなされるようになったのです。こうして通信教育の領域は、「自学自習」と「テレビ会議型」の二つの形態によって成り立つようになりました。通信教育においても、教師と生徒が「時間」を共有することができるようになったわけです。【図表11―2】の点線はそれを表したものです。

　背景のもう一つが、知の捉え方が客観主義から構成主義へと転換したことです。これまで知識は客観的にあるもので、それは荷物を右から左へと運ぶように、教師から生徒へと伝達ができるものとされてきました。しかし一九七〇年代以降の心理学・メディア学・哲学などの根本的な枠組みの変容を背景に、知識は社会的で共同的な関係の産物で、教師と生徒が一緒に創りあげていくもの、というパラダイムの転換が起こりました。「知識は個人の頭のなかにある」から「知識は私とあなたとのあいだにある」への転換です（ガーゲン、二〇〇四）。

こうした教える—学ぶ過程のコミュニケーションに焦点をあてた議論は、今日の通信教育研究の理論的基礎を提供するものです。たとえば、近年脚光を浴びている「探究的な学びあう共同体」や「協同性」といった概念は、知識の質や思考の過程、教師や生徒を取り巻く環境やそこで形成される関係性を起点に学びのあり方を考えていくものですが、この発想の背後には、「知識は私とあなたとのあいだにあり、知識はコミュニケーションによって生みだされるもの」という前提があるのです。

ここで、へだたりに通信教育の固有性を見いだし、教育や学習の形態に関心を示す従来の理論を総称して「形態論」と呼び、教育や学習の過程でのコミュニケーションに注目する議論を「行為論」と呼びたいと思います。すると、既述のガリソン＝シェイルの議論は、通信教育へのまなざしを決定的に変えたという意味で、形態論から行為論への転換を象徴しているといえるでしょう。

私たちは、この転換から気づかなくてはなりません。通信教育においてへだたりは絶対ではなく相対であるということ。そして、へだたりはもはや通信教育の固有性を示す代名詞ではなく、通信教育を構成する数ある要素の一つに過ぎないということを、です。

へだたりの終焉

絶対から相対へ、代名詞から一要素へ。いわば「へだたりの終焉」とでも呼ぶべき事態は、ガリソン＝シェイルが語る言葉からも確認できます。

通信教育関係者にとって非常に重要なポイントは、「へだたり」という形容詞に決して惑わされることなく、教師と生徒の教育的なやりとりの必要性を見失わないようにすることである（Garrison & Shale 1990）。

教師と生徒の教育的なやりとりこそが教育や学習過程の核心であり、通信教育関係者がへだたりの制約を乗り越えようとする際には、この現実に対処しなければならない。（中略）確かなことが一つあるとすれば、それは、生徒同士も教師と生徒のあいだも同じように、通信教育の質と有効性は、互いの相互作用の程度や種類に直接的に起因しているということである（Garrison & Shale 1990）。

通信教育の捉え方の重心が、へだたりからやりとりやコミュニケーションへと移行していることが分かると思います。

さて、これまでの議論から通信教育の歴史は、次のように整理できます。へだたりを特徴とする通信教育は、教育へのアクセスの自由を保障するもので、生徒に学びの自由や自律性を与えてきた（＝形態論）。しかし、社会のネットワーク化と知の転換を背景にもつ近年の通信教育では、へだたりは主題になりえない（＝へだたりの終焉）。そこでの要点は、教育や学習の過程で行為者――教師と生徒、生徒同士、教師同士――が互いに相手の存在を感じ認め合いながら、いかに持続的に質の高いコミュニケーションをするのかにある（＝行為論）。

この歴史を簡潔にいえば、「通信教育は、教育的なコミュニケーションが一方向から双方向へと開かれるにしたがって、より質の高い教育へと発達している」とするストーリーを見いだすことができるのです。

ここで、私たちは一度立ち止まって、このストーリーについて検討する必要があります。しかし、いったいなにを、でしょうか。教師と生徒の関係の構築のしかたでしょうか、あるいはコミュニケーションの質を保障するための学習のサポートのあり方でしょうか。いずれも大切な論点ですが、ここで私たちが検討すべきは、このストーリーを成立させる前提にこそあります。

その前提とは、へだたりの捉え方です。先ほどのガリソン＝シェイルの言葉に再度耳を傾けてみましょう。「非常に重要なポイントは、「へだたり」という形容詞に決して惑わされることなく……」、「通信教育関係者がへだたりの制約を乗り越えようとする際には……」と語られていました。ここから明らかなように、へだたりは幻惑の作用をもったり、あるいは乗り越えられるべき障壁として、つまり否定的に扱われていることが分かるでしょう。このへだたりとは、教師と生徒が物理的に離れていることを意味していたのでした。なぜガリソン＝シェイル――そして行為論――の目にへだたりが否定的に映るのかといえば、そもそも物理的な距離などネットワーク化した社会にあっては無きに等しく、へだたりへの過剰なまなざしこそが、一方向的なコミュニケーションを前提とする誤った教育観＝錯覚を招いた原因だからです。「通信教育は、教育的なコミュニケーションが一方向から双方向へと開かれるにしたがって、より質の高い教育へと発達している」とするストーリーは、へだたりを否定的に捉えることによって成立するのです。

したがって、通信教育の歴史とは、自身のアイデンティティの源泉であったへだたりを、のちに自ら否定することによって発達してきた歴史として観ることもできます。そうすると、ここで疑問がでてきます。へだたりへの過剰なまなざしが誤った教育観を導いてしまったことは分かりますが、それではなぜ、へだたりがあること＝教師と生徒が物理的に離れていること自体にも、否定的な価値が与えられているのでしょうか。へだたりを「過剰に」認識していたこととへだたりが「ある」こととは、別の問題であるはずです。

五．栄光と挫折

通信教育と顔

この問題は、次のようにいいかえると分かりやすいでしょう。「なぜ、私たちは通信教育に顔――声の共有と目の相互性――を求めてしまうのか」、そして「なぜ、私たちは顔にあるべき教育の姿を見てしまうのか」。この問題こそが、通信教育をめぐる思想が私たちに真に問いかけるものなのです。

通信教育と顔の問題を考えるうえで、フランスの哲学者ジャック・デリダ（一九七二）の言語をめぐる議論は大変示唆に富むものです。デリダはパロール＝音声言語とエクリチュール＝文字言語について次のようなことをいっています。

形而上学では、つねに声や話す行為といったパロールが真理のメディアとして見なされ、文字や書く行為といったエクリチュールは真理を危うくする危険な技術だとされます。この形而上学の背後には、「自己への現前」を真理の価値とみなす志向性が存在しています。デリダによれば、パロール＝声は「いま・ここにある主体」の絶対的な近さとともにあるために、意識や意味を純粋なそれそのものとして存在させることができるとする暗黙の前提がある、といいます。たとえば、私たちの声は空間的な近さや時間的な同時さにおいて聞かれる――「自分が＝話すのを＝聞く」――ために、私たちの考えや思いがあたかも自然と外に現れているかのように感じるでしょう。そしてここから、パロール――声と意識との結合――は、いま・ここの主体の統御下におかれるために真理の体系への接近のメディアとされ、声の不在であるエクリチュールは、つねにいま・ここの主体の統御から逃れる――書く主体と読む主体の不在――ために徹底的に貶められ排除される対象となってしまうのです。すなわち、エクリチュールはパロールの代理に過ぎないというわけです。デリダはこのパロールとエクリチュールの原型を、「話される生きた言葉」に対して「書物の死んだ文字」を対置したソクラテス＝プラトンに見ています。

ここで重要なのは、哲学者の高橋哲哉が指摘するように、このパロールとエクリチュールが「階層秩序的二項対立システム」――このシステムの虚構をデリダは見事に暴いていますが――を成していることです。高橋の言葉を借りましょう。「この対立が単なる対立ではなく、優劣、序列、階層秩序（ヒエラルキー）をもつ対立だということである。パロールはエクリチュールと対立し、エクリチュールを排除するばかりでなく、エクリチュールに対して価値的に優位に立ち、特権化される。パロールは根源的、本来的、自然的な言語、エクリチュールは派生的、非本来的、技術的言語で、後者は前者の頽落形態であるとされる」（高橋、二〇〇三、七六頁）のです。

さらに考察を前に進めるために、このデリダの議論を援用し教育の階層問題を論じたゲイリー・ギラードの話に耳を傾けてみましょう。マードック大学（オーストラリア）で教鞭をとっているギラード（一九九三）は教育の階層問題として、internal/external, lecture/correspondence, schoo/home, listening/reading, speech/writing などの二項対立の要素をあげ、前者の後者に対する価値の優越や特権化を指摘し、この後者の価値と結合するのが通信教育なのだ、といいます。ギラードによれば、通信教育とは教育において本来あるべきメディアの欠落、つまり、「教育的な声のない教育」なのです。

さて、これまでの議論を整理すると次のようにいえます。通信教育は、階層秩序的二項対立システムにおける文字——external, correspondence, home, reading, writing——との親和性が高いということ。そして、通信教育は必然的に声が不在である——文字を使用する——ために、劣位に置かれ従属的に扱われるということ。逆にいえば、前者——internal, lecture, school, listening, speech——が声との親和性が高いために、「教育的な声」を有する対面教育は特権化されているとも考えられます。したがって、ここから〈対面教育＝顔＝教育の真正さ〉という教育をめぐる構図の存在が浮かび上がってきます。

私たちが通信教育に顔を求め、そこにあるべき教育の姿を見てしまうのは、こうした理由によるのではないでしょうか。【図表11―2】のように、通信教育の領域が「テレビ会議型」へと拡張した事実が、そのことを物語っています。そして、「テレビ会議型」へと拡張した＝顔を求めたという事実はまた、通信教育が、自らのアイデンティティであったへだたりを手放したということも示しています。顔を求め教育の真正さを手に入れようとする通信教育は、皮肉にも、そうすることによって、アイデンティティ・クライシス＝自己喪失へと陥ってしまいました。自分は何者でどんな特徴があるのかを自ら認識し、自らを他者へ説明するための核であったへだたりを手放したわけですから。

別のあり方

顔が不在の通信教育は、対面教育が完全になるまでの過渡的な存在であり、ましてやあるべき教育の姿ではない。へだたりを中心に通信教育の栄光と挫折を見てきた私たちは、こう結論すべきでしょうか。そうではありません。通信教育は、顔という「いま」の時間と「ここ」の空間の同時性を前提とする教育とは別の教育のあり方を示しているからです。別の教育のあり方を探る鍵は、終焉を告げられたへだたりにあります。次のように考えることはできないでしょうか。

へだたりの誕生は、教室のような直線的な時間や均質的な空間とは異なる、学習者に固有の多彩な学びの時間や空間が見いだされたことを意味します。物理的な距離を意味するへだたりは、教師と生徒を「一対多」関係へと形式的には構成しますが、しかし互いに離れているために、生徒は自らに固有な時間と空間において自由に想像力を駆使することで、「一対多」を「一対一」の関係——私だけの先生——へと組み換えることができます。このように学びにおけるへだたりは、教師がいま・ここの目の前にいないことで、逆説的にも教師がどこにでもいるという状態をもたらすのです。

教師の不在が教師の遍在をもたらす。こう述べると、しかし相手の表情や反応がなかなか分からず、即時的なコミュニケーションもできないのではないかとの反論がありそうです。ただ注意してほしいのは、ここでの要点はコミュニケーションの即時性ではなく、学びのあり方にあるということです。たとえば、退屈のあまり出席した授業の内容をまったく覚えていないことや、お気に入りの本を何度も読み返すといったことは、だれもが一度は経験したことがあるでしょう。人が学んでいるのはどちらの場合かといえば、もちろん後者です。極端な比較であるにせよ、この二つの例は学びの本質を表しています。人はだれかに教えてもらわずとも学ぶことができ、だれかが教えたからといって必ず学ぶわけではない、これです。ある場所に教師と生徒が集えば、自然と教育という営みが生まれるわけではありません。なぜなら、先ほどの例が示すように、学ぶという行為が存在してはじめて、教えるという行為が成立するからです。

こうした考え方は、机上の空論ではありません。むしろ逆です。気づいた方もおられるのではないでしょうか。じつは、通信制高校をはじめとする通信教育が日々実践している「自学自習」のシステムを考察すると、このように説明できるのです。

通信教育の栄光と挫折の物語——「へだたり」をめぐる問題——が示すのは、なにを教育と見なすのか、という根源的な問題です。顔とは別のあり方の教育を想像すること。私たちに求められているのは、教育への想像力なのです。通信教育をめぐる思想は、私たちに「教育」とはなにかを問い続けています。

【参考文献】
ガーゲン・ケネス『社会構成主義の理論と実践』（永田素彦・深尾誠［訳］）ナカニシヤ出版、二〇〇四年
古壕典洋「初期遠隔教育論における“distance”の意義」『平成二四年度 日本通信教育学会研究論集』二〇一三年

鄭仁星・久保田賢一〔編〕『遠隔教育とeラーニング』北大路書房、二〇〇六年

白石克己『生涯学習と通信教育』玉川大学出版部、一九九〇年

高橋哲哉『デリダ』講談社、二〇〇三年

デリダ・ジャック『根源の彼方に 上・下』（足立和浩〔訳〕）現代思潮新社、一九七二年

ミュラー・ローター『メディアとしての紙の文化史』（三谷武司〔訳〕）東洋書林、二〇一三年

Garrison, D.R. *Understanding Distance Education*, Routledge, 1989.

Garrison, D.R. & Shale, D. "A New Framework and Perspective" Garrison, D.R. & Shale, D. (eds.) *Education at a Distance*, Krieger, 1990.

Gillard, G. "Deconstructing Contiguity" Evans, T. & Nation, D. (eds.) *Reforming Open and Distance Education*, St.Martin's Press, 1993.

Hanson, D., Maushak, N. J., Schlosser, C. A., et al. *Distance Education*, 2nd Edition, Association for Educational Communications and Technology, 1997.

Keegan, D. *Foundations of Distance Education*, Third Edition, Routledge, 1996.

第一二章　座談会「通信制高校のすべて」

執筆者のみなさんが原稿を書き上げたころ、全員で集まって座談会を行いました。それぞれの担当分野だけではなく幅広く意見を交え、通信制高校の全体像に迫ろうと考えたからです。座談会は二時間を超えて白熱したものになりました。ここではその様子を紹介します。

参加者：井上恭宏、神崎真実、古壕典洋、石原朗子、土岐玲奈、
内田康弘、阿久澤麻理子、松本幸広、手島純（発言順）

なぜ通信制高校のことを研究しようと思ったのか

井上恭宏

井上：神奈川県立高校の教員です。一九八七年に教員になり、三〇年目になりました。この間、公立通信制高校を二校経験しました。通信制には合計一七年間勤務をしていて、自分の教員経験の半分以上になっています。通信制高校に勤めていると、さまざまな課題を抱えた生徒たちに出会うこともあって、その実態を伝えないといけないと思うというのが、この研究にかかわる動機の一つかなと思います。

神崎：なぜ通信制高校のことを研究するようになったかというと、私自身が通信制高校に通った経験が、まず一番大きな動機です。そして、大学で指導教官から勧められて、通信制高校に行き観察をはじめました。高校生たちがい

ろいろなことを抱えながら生活していましたので、関心をもち研究しはじめました。

古塚：生涯学習や社会教育という観点から通信教育を研究しています。高校のときに、学校の勉強はそれなりに楽しかったのですが、時間割にそってきちんきちんとやるというのが自分に合わなくて、もうちょっと自分でじっくりと考える時間があればいいのになと思っていました。受験のために通信教育を受講したのが通信教育との出会いで、それが結構自分の肌に合っていました。通信教育の「自由」というところにすごく惹かれていて、そういうところがベースにあって、通信制高校や通信教育に関心をもっています。

石原：通信制に出会ったのは大学院のときです。いろいろあって大学に長く在籍してしまい、大学院もはじめに行ったところが合わなくて、働きながら学べるところを探していたときに出会ったのが通信制大学院です。通信制大学院で学ぶなかで、自分が学んでいるところはどういうところだろうということに興味をもって、通信制大学院、通信制大学と見てきて、では通信制高校はどうなのだろうということで、通信制高校に興味をもちました。

土岐：通信制高校との関わりが最初にできたのは、大学院の修士課程の二年目で、学習支援の活動に参加したからです。もともと小中学生の不登校の子どもの支援をしたいと思っていたところで、そういったチャンスに巡り合いました。私自身も小中学校ずっと不登校でした。心理的な困難ももちろんあるのですが、それをある程度乗りこえたとしても学習のブランクというのは埋められるチャンスが少ないなと思っていたところで、そうした学習支援を受けられる場として通信制高校に出会いました。どういうふうに関わって、どういうケアをしていくことができるのかなということに関心をもって、高校で生徒さんと関わってきました。

内田：僕自身は小学校から大学までずっと全日型できていて、大学院では高校生の研究をしたいと思ったのですが、そのときに、高校生というとなぜか全日制を暗黙のうちに想定してしまうことに気がつきました。先行研究を読んでみても、そのほとんどが全日制の高校の研究に偏っていました。僕自身の学術上の立場が、教育社会学という「当たり前を疑え」という学問なのですが、その「当たり前を疑え」という教育社会学ですら全日制高校を当たり前としてしまっている現状に関心をもち、そこからきちんと通信制高校のことを調べていこうと思いました。調べていくうちに、平成以降の通信制高校では、十代の若い生徒たちが増えているということをデータで目の当たりにしました。そうした背景から、全日・定時・通信という今までの枠組みというよりは、高校のなかでの十代の生徒というふうに捉え直した方が、今後の研究上の発展があるだろうと思い、通信制高校が研究上の大きなターニングポイントになると考え、研究しています。

阿久澤：前に勤めていた大学で、不登校だったり、就職でつまずいたりした大学生に出会いました。当時の大学には何も支援システムがなく、どのようにしていいかわからない状態でした。私はうつ病歴があり、私のところにそうしたしんどい学生が集まってきたのかもしれません。でもどうやって向き合っていいか分からないので、実際には退学させてしまった学生というのも何人かいて、それがずっと心に引っかかっていました。通信制高校には社会的条件が不利な生徒さんとか不登校キャリアの長い生徒さんに対するノウハウが非常にたくさんあって、私からみたら宝の山でした。そこからいろいろなことを知りたいということが、調査を始めたきっかけです。

松本：僕は行きがかり上、通信にからんだというのが正しい表現です。通信制の何かをやりたいというよりは、関わったところが通信制高校であったというところです。一五年ほど通信制高校の

松本幸広

技能教育施設で教員をやっていて、そこではなんとなくどうやったら全日制高校になれるかを考えているところがあり、なんで全日制高校にならなきゃいけないんだろうと思いつつ、結果的には通信制高校を作って、通信制大学を作って、大学院を作ってと、作り手側に回っていろいろとやっているうちにみなさんと知り合いになり、作るだけでは面白くない、何のために作るのかということを考えていたら自然と通信制の研究になりました。日本通信教育学会でいろいろやったということも大きいのかなと思います。

手島：私は通信制のことはまったく知らなかったのですが、一九八〇年に神奈川県立高校の教員になり、はじめて赴任したところが通信制高校でした。管理職からはこうしたところからはすぐに転勤して全日制に行った方がいいよと言われたのですが、中退者や不登校の子が来て、年配者もいっぱいいて、こんな学校があるんだと驚愕し生きがいを感じ、一五年間いました。その後、定時制と全日制二校を回りましたが、やはり通信制が面白いと思います。学校に対する決まりきった見方が壊れていって、教育にとって大切なものがあるのかなということを思いました。一方、今の全日制はかなり硬直化していて、こんなのではダメじゃないかということが多かったです。そういう意味で通信制高校を深く研究することが必要かなと思った次第です。

通信制高校の意義とは何か

井上：全日制高校だと、たとえば交通事故に遭って半年間入院してしまうと留年してしまいます。でも、通信制高校だと単位修得の仕組みにより本人が頑張れば単位修得につながっていきます。また、全日制高校には、みんなと一緒に三年で卒業しないともう人生終わりだみたいなところがあります。脱落する、ドロップアウトするという感じになります。通信制だったら自分のペースで、たとえば通信制の生徒が途中で大きな病気をしてみんなから遅れてしまっても、自分のペースで卒業していくのだ、その次に繋げていくのだと普通に前向きに考えられるというところがあります。時間の流れとかペースみたいなものが違う。もし通信制がなかったら、全日制高校で交通事故に遭ったりドロップアウトしたりして、留年して退学してとなったらほかに行くところがないということになってしまう。そういう意味ではすごく重要な制度なのだと思います。でも、あまりそのことが大切にされていないというか、知られていないのかなと思ったりします。

神崎真実

神崎：私立の通信制高校に偏っているかもしれませんが、いろいろなことをやりやすいのが通信制高校のシステムだと思っています。私立通信制がやっていることを明示して、テストの学力だけではないもう一つの高校教育の見方のようなものができたらいいなと思っています。ただし、私立通信制高校も、規模が大きくなったり軌道に乗りはじめたりすると、じゃあ大学に行かせようというふうに転じはじめます。そうじゃなくて従来やってきたことを概念化して出していけばいいのにと思っています。

松本：時間と場所の制限がないのが良いところだと思います。今日的な教育の課題というのは、時代と社会の変化に応じていろいろと変わっていくのが当たり前のはずですが、行く場所や時間が決まっていたら解決する枠組みはかなり制限を受けます。通信制の意義というのは「通信だからこう」ということではないかもしれないですが、時間、場所にあまり枠組みを課せられていないというところが一番のいいところだと思います。それゆえに今日的な課題に対応できるのです。工夫すればなんでもできる。

古壕：シンプルに「学習者中心」ということに尽きるのではないでしょうか。枠とか制度という前に、「学習者中心」という理念から、通信制での「教える」とか「学ぶ」という営みが発想されていると思います。教育資源へのアクセスの柔軟さや学びの選択の自由なども考えられますが、一言でいうと、「学習者中心」をベースとした多様性をきちんと許容できるシステムが通信制高校の意義という気がします。

手島：私もそう思います。学校というものは、決められた場所で、決められた時間に、決められた教材を使って、決まった年齢の人が集まるところになっていて、それを私たちは当たり前だと思っているけれど、それは近代社会が作り上げたシステムですよね。でも、近代社会が行き詰っていて、そうではない仕組みに変わっていかなくてはいけないのに、相変わらず学校だけはそうしたシステムでやろうとしている。ところが通信制はそこを超えていっている。ポストモダンな学校です。また、社会ってやり直しのきくものでないといけないと思いますが、全日制だけだったら年齢が上がったら高校へは行けない。高卒認定もあるけれど、それは卒業ではないし、定時制もありますが、けっこう時間の制約が多いです。通信制みたいな柔軟な仕組みでやり直しのできる制度が必要です。これは通信制の大学も一緒だと思いますが。

井上：自学自習とはいっても、公立通信制のなかでドロップアウトしていく人も相当数いるわけですよね。そういう状況で、公立は出張スクーリングをやるとか僻地に行くとか託児システムを設けるとか、病院に行って面接指導するとか、そういういろいろなことを歴史的にずっとやってきているということがあって、そのことをもう一度見直して、これからの通信教育に活かしていくのが大事かなと思います。でも、通信制は自学自習で学習者中心ってすごくいいけど、教員が「学習者中心なのだから私は何もしないよ」ということになってしまってはマズイと思いますけれどね。だから歴史を見直して、また先につなげるヒントにするというのがいいのかな。そういうことをやっていけば、これまでずっと取りこぼされて落ちこぼされてきた人たちにアプローチをして来たわけだから、そうしたことをやるということが通信制高校の意義で、それにもっと光を当てて行けばいいと思いました。

石原朗子

石原：学習者中心というところもありますが、通信制高校というと生徒の居場所の機能がすごくあるんじゃないかと思います。毎日通うようながっちりした枠でもなく、通える日数から通えるといったところで、居場所をなくしている子が最初に行ける所ということで、通信制高校に大きな意義があるんじゃないかと思います。

ウィッツ青山学園高校の事件をどう見るか

手島：ウィッツ青山学園高校が行なった就学支援金不正受給はやってはいけないことです。犯罪です。しかし、それがウィッツ青山学園高校の特殊な例なのか、株式会社立の問題なのか、広域通信制高校にもかかわるのか、じつはけっこう難しいのです。アメリカではチャータースクールでいろいろな問題が出てきているので、日本でも出てきてしまったなと思っています。みなさんはどういうふうに見ているか教えてください。

阿久澤：株式会社立学校についてですが、特区認定地方公共団体といわれるところは多くが「弱小」です。人口は減少していて、公立学校の校舎は空いていて、地域の活性化のために特区を申請したけれど、指導監督等に関する職員の数は平均して二・五人です。学校法人立なら都道府県の私学審議会がチェックするけれど、特区学校審議会だとスルーされてしまうことも多いのではないか。通信制高校で起きてくる問題は、古い制度を使っているから制度疲労が起きているということと、構造改革特区制度とが結びついて起こっている問題だと思います。制度疲労と特区の問題です。

井上：制度疲労ってどういうことですか。

阿久澤：たとえば一九六一年に広域通信制高校が始まったときは、企業内職業訓練施設と組むことが念頭にありましたが、集団就職が減ると技能連携先は、一九七六年からは高等専修学校へシフトします。今はそれがＮＰＯなどにも拡大しました。つまり、社会状況が変わっているなかで、古い制度をいかに使いまわすかというところで工夫してしまってきたのです。

手島：生活保護をもらっていない人に生活保護をもらえるようにしてあげて、上前をはねるといった「貧困ビジネス」の手法で、教育を貧困ビジネス化したのがこの問題だと思います。

松本：ウィッツがどうにか経営していこうと思って、どこかでお金を稼ごうと思ったら、そんな方法しかなかったのでしょうかね。母体となる会社がしっかり儲けてお金を出せばいいんだろうけれど、それがなかなかできなかったのでしょうね。作ったときの志はすごく高かったのだと思います。でも、経営していかなくてはいけないとなると、中身も大切ですが、経営の問題が出てきます。今の通信制高校の学費は、全日制と比べるとかなり低く、生徒の数がたくさんいないと回らないようになっている。

構造改革特区で株式会社立としてやると、補助金をもらえません。都道府県の私学審議会が見ているのとは違う状況にあるので、目も届きません。また、社会貢献として教育に投資すると言っても株主が黙っていない。ここが公益法人としての学校法人と株式会社の大きな違いなわけです。

石原：株式会社立も数が少なければそれぞれが独自性を発揮できるでしょうが、想定より増えてしまって、株式会社立同士の競争で限られたパイの奪い合いになってしまっていますね。教育のために株式会社立で始めたのに、株式会社立であることに縛られて教育に影響してしまったところがあるのかなと思います。

土岐：株式会社立というのは、どう考えても儲からない制度だと思います。特区で学校をやってもいいけど補助金は出ないということで、利益を出そうと悪事に手を染めざるを得なかったということでしょうか。公教育の規制緩和がなされれば不正が入り込む余地が出てしまうということで、

土岐玲奈

できれば学校法人化しようという動きになっているのは、結局学校をやるのに企業の論理でやっていたらうまくいかないということなのではないでしょうか。

古壕：地域づくりや観光などを呼び水にして、学校を地域社会にひらいていこうとする方向性はすごくよく分かる気がします。ただ、これまでなぜ学校設置が法人だけに限られていたかといえば、権利の保障や経営と教育のバランスで見たときに、教育の公共性の問題があったために、少なくともそこは最低限国で保障しましょうということで学びの質を保障していたわけです。そういうなかでこの問題が起きたのです。

松本：株式会社立の通信制高校を作るときに、儲けようと思っているところはないと思います。ただ、作ってしまったら潰さないようにしようということ。誤解されるのは、「株式会社立」と言った瞬間、きっと金もうけでやっているからと言われてしまうのだろうけれど、それは正しくない。私が知っている人間で株式会社立の高校を作った人が何人かいます。儲からないと分かっているけれど、教育の場で今の社会へのアンチテーゼとなる内容を示したかった。そこで学校をつくる方法として特区があったというので、それはそうだなと思います。創業者がよしやろうと思ったときにはそこそこうまくいきますが、創業者が一線を引くと、転げ落ちるように状況が悪化することがあります。潰さないために、生徒を集めるにはどうすればいいんだという発想になるのです。

手島：制度を維持することが目的になっていくということですね。ただ、あの事件で通信制高校全体に対して否定的な風潮が広がるのが嫌でした。通信制高校には意義があるということが分かっていない人もたくさんいます。

内田：今の株式会社立の問題として、世の中が見落としている部分があって、それは株式会社立通信制高校で働く職員の問題です。おそらく誰も言及していないことですが、そこの職員は、教員でありながら社員でもあるのですね。ということは、学校の先生という役割にプラスして営業など企業の社員の役割が付与されて、いわば二重の役割の中で葛藤が起きている状態がずっと続いている可能性がある。さらに言うと、まだ誕生して一五年くらいの新しい教育機関である株式会社立通信制高校は、そもそもの基準となるモデルが定まっていない状態です。公立の学校というものはある程度基準となるモデルがあって、それを踏襲して広がってきた背景がある。一方で、株式会社立通信制高校に関しては、そうしたモデルが定まっていない状態でいきなり広がったということが、大きな問題を作り上げた根幹にあると考えています。

サテライト施設はどうあるべきか

手島：文部科学省が主催する「広域通信制高等学校の質の確保・向上に関する調査研究協力者会議」でサポート校のことがいろいろいわれています。サポート校についてはどこも監督していない、やりたい放題状態になっていないかと指摘されています。

内田：サテライト施設はサポート校が中心だと思います。サポート校の場合はサポートに徹するということを原則としないといけません。先ほどの株式会社立高校の話に繋がりますが、そもそも

阿久澤麻理子

通信制高校とサポート校の境をはっきりさせていないところが問題なのです。通信制高校の機能がサポート校に移譲され過ぎてしまうことにより、サポート校としてもどこまでやっていいのか混乱している状況があると思います。お互いの役割をはっきりさせることが必要で、文部科学省が示しているように、役割分担をしっかりさせるための法整備がまずは必要ではないでしょうか。

阿久澤：学習者の側から見るとすごく分かりにくいという点があります。通信制高校のパンフレットには、学習センターの住所が書かれていても、そのセンターがどんな施設か分からないことも多い。実際、住所だけから数カ所行ってみたのですが、ある学習センターはどう見てもクリニックでした。行ってみないと学習センターを誰がやっているか分からないというのは問題です。学習センターが精神科のクリニックということは、そうしたニーズがあれば悪いことではないのですが、学習者は通信制高校のサテライト施設に、全体として、どんなところがあるのかよく分かりません。

二つ目は、法律的根拠のないサポート校の活動が通信制高校の単位になっているという状況がすでに生まれてしまっています。学校外における学修の単位認定というのがあって、校長の判断で、いろんな活動が高校教育の一部をなしているという状況も、どこかで線引きをしないといけないと思っています。

一方で、サポート校の活動が学校の一部をなすということには、積極的側面もあります。一生懸命フリースクールをやってきた人たちが、小中学校までは校長の裁量で、フリースクールへの通学を出席日数として認めてもらえた。さらに、フリースクールが高校のサポート校になることによって、その活動が通信制高校とうまく重なることで、子どもたちに高校卒業資格を取らせることができるようになったのです。

内田：風通しといいますか、見えていない部分が多すぎます。社会的信用ということもあるので、実際にどういった教育活動を行なっているかを「見える化」していくことが、サポート校には求められていると思います。

手島：生徒たちはどういう状況になっているかということが大事かなと思います。不登校やニート状態になっている子どもたちが行く場ってなかなかありませんよね。制度が株式会社立であっても何であっても、小さな教室があってそこに通って社会性が少しでも身に着いたり、そこで他者との関係を作ったりしていく場って、高校レベルではなかなかないですね。サポート校がそれをしていてくれていたという部分もあったと思います。もともとサポート校は、公立の通信制高校に入学した生徒がなかなかレポートを進めることができず、卒業できないから、塾みたいなところがサポートしてあげるというところからはじまりました。

阿久澤：ちゃんと通信制高校とサポート校が分かれていて、サポート校はサポートだけというようにやってくれたらいいんですけれど、現在では活動の一部も単位として認められている。フリースクールの方は、サポート校として連携先を何を基準に選ぶかというと、どこまで自分たちの活動を大きく高校の中に入れ込んでくれるかというところで選んでいるので、フリースクールの側にも責任があるわけです。

松本：フリースクール関係者が、自分たちがやっていることをもっと正規の教育に入れてほしいという気持ちはよく分かります。自分たちがやっているのは、目の前にいる子どもたちに何ができるかが勝負だから、そこを第一に考えなくてはいけないだろうという思いは重いことです。

手島：メディアでも、通信制のことを論じる人や記者なんかもほとんどが全日制高校の出身ですよね。通信制高校のことも良く分からないし、頭のなかには僕らが議論しているような話は含まれていないところで、全日制高校を基準に書いているという感じがするんです。柔軟性がないというか。サテライト施設のあり方だってよく知らないけれど、法律とは違うぞとか、学習指導要領には準拠してないぞみたいな視点ですが、では通信制高校の意義については、どう捉えているのだろうかなって思います。

内田：そもそも背景をまったく踏まえないまま問題だけにフォーカスして論じられるため、まるですべてがダメかのように論じられています。たとえば、ウィッツ青山学園高校は確かに違反を行なってしまったのですが、その背景に何があったのか、それは通信制高校だけの問題なのかということをきちんと議論せずに、良し悪しを自分たちの物差しだけで測るということが最近の風潮だと思います。われわれとしては、そうした風潮に対する警鐘をきちんと鳴らしていくことが大事なのだと思います。

内田康弘

サポート校を全面的に擁護するわけではないですが、実際現場に入ってみると、学校に行くことに対してさまざまな困難を感じるなか、小中学校を頑張って卒業した子どもたちが、高校にも行きたいと願っている状況があります。そうした生徒たちに対して、サポート校でどのような支援を行えばよいかという点については、従来の教育学のなかに大きなロジックは存在しない。仮にそれがあったとしたら、ここまで大きな問題にはならなかったかもしれないとも思いますが、そうしたことを問わないままに「通信制高校が悪い、こんなことをやっている」と表面上の問題だけをすくいとってその場だけで論じる。きちんと通信制高校やサポート校、サテライト施設の抱えている課題というものを世間に認知させていくことこそ、研究者や実践家、教育関係者に求められているのだと強く思います。

公立通信制高校の役割とは何か

井上：九〇年代に僕はフリースペースにずっと関わっていました。そこは精神障害者の地域作業所に変わっていったのですが、そこに通信制に通っている生徒がたくさんいました。サポート校に置き換えれば置き換えられるようなそんな施設でボランティアをしていました。その後、通信制高校の教員になって考えると、フリースペースのボランティアとしては、自分たちがやっている活動が単位化されたらいいなと思いますよね。でも、そういうことを言っても、他の通信制の先生は、「ああ、いいね」というふうにはなかなかなりません。そういうジレンマがありますよね。そこのところは区別をして、行ったり来たりするところに大事さがあるという気がします。公立通信制の役割として、アウトリーチがあります。支援のために外に出ていくということです。たとえば、先ほど言ったように、山間僻地に行くとか、被差別部落にいくとか、今だったら病院に行くとかです。

院内学級って高校にはないんです。だから、そこにサポート校があって学校みたいにやっているということになってしまうのでしょうね。でも、僕が今、学校でやっているのは、病院に教員が行って、面接指導をするというふうに、公的にできるようにやっている。ルールを破らないように。でも、それをやるにはものすごい人員が必要です。もうちょっと公立高校に人的な配慮、サポートがあれば、もっと面白いことができると思います。

一方、卒業率について、公立通信制高校の卒業率はそんなに高くないという問題があります。私立の通信制高校の一〇〇%みたいなところにはまったく到達していない。「通信制はなんでも金払えば卒業できるんだろう」っていう人がいるけれど、でも公立は違いますよね。公立通信制高校の役割は、やはり基本みたいなことをしっかりやることです。不登校や中退を経験した者のサポートをしっかりやることがまず大切だと思います。

手島：私も公立通信制高校にいましたから実感としてあるのですが、公立通信制高校の確かな役割ってありますね。そもそも通信教育だけでは卒業できなかった状況を変革し、通信制高校という一つの課程にしたのは主に公立通信制高校関係者による努力のたまものでした。これは教育の機会均等という理念を実質的に保障する運動でした。また、公立だからできるのでしょうけど、少年院に行って勉強を教えたり、被差別部落に行って読み書きを教えたり、託児所を開設して主婦の方が学校に来られるようにしたりということをやってきました。こうしたことは私立ではなかなかできませんが、公立ではやってきました。そうしたことをもっと発展させて公立通信制高校の取り組みを深めてほしいと思います。

井上：公立の通信制高校の先生たちってどういう感じなのかということが一つのポイントかも

しれませんね。今の話とはずれてしまいますが、通信の先生って生徒に対して「良い先生」になれるのです。全日制高校で嫌われているような先生でも、通信制高校に来ると良い先生になれるのです。なぜかというと、先生が教えて生徒が教えられるという関係ではなくて、レポートを仕上げていくのをサポートしてくれるみたいな関係になります。先生がレポートを通してくれなかったら単位が取れないから、レポートが通過したら、「先生、ありがとうございます！」となるのです。それに生徒と対面するのではなくて、横に並んで個別指導をやるから、生徒は「先生が一緒についてやってくれた」となるのです。

でも、通信制高校の先生たちは、社会に発信する力が弱い気がします。統合失調症を発症したために全日制高校から転入して、すごく安心して勉強に向かって卒業していくなんてことがよくあるわけです。テレビ番組になっちゃうような感動秘話はたくさん埋もれていますよ。そういうふうなテレビドラマの感動ものみたいなことがいっぱいあるから、それを伝えるべきだと思うのです。今回もそうした機会にさせてもらったので、ぜひよろしくお願いします（笑）。

松本：公立の通信制高校の教員で「全日制高校に移りたいんだよな」っていう人はどのくらいの割合でいるのですか。

井上：けっこういますね。とくに若い人です。でも、異動しないでやっぱり残っちゃう。後任がつかないから異動できないということもありますが、やっているとだんだん面白くなって、はまってしまうということもあります。そういう人もかなりいますよ。生徒とのおもしろい出会いがあって、「ここにいるのもいいかな」みたいになることはあります。

通信制高校はどこに向かっているのか

石原：通信制高校はどこに向かっていくかというと、念頭に置かれるのは私立のような気がします。しかし、経済的な面などで私立高校に行けない生徒を受け入れている公立校に期待したいというのがあります。私立校がいろんな方向性を探っていくなかで、そこがやっていないことを公立校がやっていくことに、公立校の意味があるんじゃないかなと思っています。

古壕：これからについては正直わからないけれど、少なくとも、これまでどこに向かってきたのかという話はできると思います。通信制高校の歴史ですね。どういうふうに今に至ったのかということですが。

石原：九〇年代頃が一つの境目のような気がしていています。それ以前は教育の機会均等という理念のもとで、勤労青少年とか成人者が学ぶっていうのが八〇年代くらいまで続いてきましたが、九〇年代にかけて生徒層や考え方が変わったのかなと思います。

手島 純

手島：基本的には「いつでも、どこでも、だれでも」という考え方が一貫してありました。その時々の状況や社会的要請で生徒の様子は大きく変化してきました。たとえば高度経済成長期は集団就職で首都圏に働きに来ている子たちを、技能連携制度を利用して受け入れました。八〇年代に多くの中退者が出たときには中退者を受け入れましたし、九〇年代では不登校の生徒を受け入れてきました。もともとは勤労青少年と成人を生徒として想定していましたが、それとは別に、「いつでも、どこでも、だれでも」という考え方にもとづいて、中退者や不登校者も受け入れてきたのです。

古壕：戦後の通信制は「権利としての教育」を保障するとか、「教育の機会均等」という形で「通学のシステム」が整備されるまでの補完というか、手助けをしてきたわけです。「通学」と「通信」という区分けで見たときに、高度経済成長期になってくると過度に画一的な選抜・選別機能の弊害から学校が荒れるとか、「学びからの逃走」といったことがあって、学校という場が見直されることになりました。そんな時に自由や柔軟さを謳う通信制高校がスポットライトを浴びることによって学校総体が見直され、逆に通信制高校の存在価値はすごく上がってきたと思います。私は通学制と通信制という区分をどう考えるかということも、非常に重要だと思います。「いつでも、どこでも、

古壕典洋

だれでも」の理念をきちんと貫徹するのであれば、「通学」と「通信」というそもそもの言い方を原理的に検討する必要があると思いますし、それと変わる言葉というのがこれからの教育の希望の一つに繋がっていくのではないかと思うのです。

井上：通信制高校のこれからということですが、「いつでも、どこでも、だれでも」という話がでました。高校における通信教育は、教育の機会均等ということで、全日制高校や定時制高校に行けない人を対象にはじまったわけ

ですね。それが今は、行けない人に行きたくない人も加わっているということで、ちょっと消極的なんですけれど、通信制高校は受け身的なものだと思っています。「通信制はこうなんだ、新しいものをつくるんだ」というふうに投げていくというよりも、今ある困った状況に対してそれを受け止めることが重要です。それはセーフティネットとか最後の砦ということです。「ネット」だから、課題が丸状だったら丸く受け止めるし、四角だったら四角く受け止める。それがいろいろな形として時代時代で変化する。そういったものが石原さんの言ったことと結びついていて、落ちてくるものを公立の通信制高校がネットで受け止める。そういうことになっていくしかないのかなと思っているけれど、そうすると、公立通信制高校というセーフティネットに落ちていった生徒が、そのなかではずみながら何かをやっていって反転したりして、「通信制ってすごいんですよ、どうですかこのボール」というふうに投げていくという感じになっているのかなと。だから、はじめから「通信制ですよ、いいですよ」というふうにしたいところもあるけれど、どちらかというと、僕の経験のなかでリアルな感じだと、受け身、受け止めるという感じです。

手島：ただ、受け止めるだけのものでいいのでしょうか。もっと積極的に打って出る通信制があってもいいのでは。

井上：僕が言いたいのは、そういう一番底のところからはじめていかないと、結局誰もやらなくなっちゃう。全部の公立通信制高校が「N高校みたいにしよう」とかなったらだめだから。その一番の最終ラインというのをちゃんともっていないと。フルバックがいないとだめなわけです。全員が攻めにいったら逆に点取られちゃうから。

石原：どちらかというと、私立校の方が新しいことを追求して攻める側で、公立校が私立校のできないところをディフェンスしたりできるということですかね。

松本：それは構造上、私立の方が新しいことをやりやすいからですね。「ようし、行けー」と思ったらできるじゃないですか。でも、公立だと校長が「ようし、行けー」って言ったってできるわけじゃないからね。

手島：逆にセーフティネットとしては、公立高校としてのコンセンサスが得られますね。

井上：公私の役割分担をしろと言っているわけではないのですが、本当の最終ラインを見据えていないと、今までにやってきた良いことが全部ダメになるという気がするということです。

手島：それは公立が中心になるのですか。

井上：公私の分担はともかく、やっぱりお金がちゃんとあるということでいったら、公立はそれができる。公共領域だから。

手島：税金でやっているところだから、それはそうであっても良いのかな。あまりきっちり分けてしまうのもおかしいけれど。

井上：今、通信制高校のやり方が面白いからということだけで前へ前へと行かないほうがいいと思うのです。

松本：僕はどちらかというと、通信という概念そのものがないのです。「週に一日しか通えない者はまずはそれでいいであろう。週に二日ならそうしよう」というコンセプトで学校づくりをやってきました。そんなことができる通信教育はとてもありがたいです。今後は学習者中心という流れでいくんじゃないかなと思うんだけど、どうなんでしょうね。

神崎：私は全日制高校と通信制高校を研究してきたこともあって、通信制高校に限定をしているというより、躓いた子を積極的に受け入れましょうということで、それで何をするかを試行錯誤しながら仕組みを作っているところを研究してきた経緯があります。既存のシステムで躓く子をどう支えるかを考える学校というのは、共通の理念や教員の意思統一をしていかないと、逆に何もできなくなってしまったりすると思います。一般的に、勉強させましょうというのも、それはそれで目標という意味では一緒なのですけれど、何かあったときに、勉強以外に対する姿勢は共有されていないので、なかなか難しい。そう考えたときに、通信制に限定することはできないけれど、教員が理念を共有できる学校というのが、通信制高校を代表として広がっていけばいいなと思っています。

土岐：すべての通信制高校が、「新しいこと、面白いことやりたい子どんどんおいで」という場所になってしまったら、「そこでうまくやっていけない子はどこに行ったらいいの」ということになるような気がします。新しいこと、おもしろいことをやる場としての通信制高校と、自ら支援を求めたり困難に立ち向かうことが難しかったりする状態の人が籍を置く通信制高校というのがどちらも重要で、共存し続けていくということも必要かなと思います。

手島：土岐さんがうまくまとめてくれましたね。ありがとうございます。確かに戦略的な意味もあって「打って出ている」私立の通信制高校もあり、それはそれで未来も感じますし、一方、不安も感じます。でも少なくとも公立通信制高校は、「いつでも、どこでも、だれでも」という精神を大切にしてほしいですね。教育の機会均等の保障という理念を実質化していった熱い歴史を踏まえ、さらに進化し続けている通信制高校の未来を見守っていきたいと思います。

これで座談会を終了します。

第一三章　通信制高校に関する書籍・論文の紹介

ここでは通信制高校に関する主な書籍・論文を紹介します（順不同）。
文末のかっこ内は紹介者です。

◉書籍

白石克己『生涯学習と通信教育』玉川大学出版部、一九九〇年

本書は通信教育を切り口として生涯学習のことが書かれているが、学校教育に対しての視点も鋭い。とくに近代学校が「特定の空間へ通学して学ぶ／特定の時間に学ぶ／特定の学習者が学ぶ／特定の教育内容・方法を学ぶ／特定の有資格者から学ぶ」という方式を採用したことによる構造的限界を指摘したのは、目から鱗が落ちる思いである。教育そのものの深部への思索に満ちている本書は、通信教育についての基礎文献であり、今だからこそ読むべき一冊である。（手島）

矢野裕俊『自律的学習の探究――高等学校教育の出発と回帰』晃洋書房、二〇〇〇年

本書の狙いは、戦後高等学校がめざした教育の基本的性格と、その今日的意味を探ることにある。第五章「通信教育の開設」では、通信教育（のちの通信制課程）が取り上げられ、その構想と導入の過程が詳細に整理されている。通信教育の成立は、「自律的な学習を支援する手立ての一つを高等学校にもたらすもの」であり、「高等学校教育を身近なものにする上で大きく貢献する試みとしての意味をもつ」という。（土岐）

佐藤卓己・井上義和［編］『ラーニング・アロン――通信教育のメディア学』新曜社、二〇〇八年

通信教育をメディア論から捉え、通信教育のさまざまな姿を浮かび上がらせている。取り扱う対象も幅が広い。戦前の講義録、ジェンダー、放送通信教育、宗教、社会通信教育、市場の広告、イギリスやアメリカでの動向、eラーニングの様相が説得的に記されている。本書に通底する問いは「通信教育という『孤独な学習』（*Learning Alone*）が社会関係資本（人と人のつながりを生み出す一般的信頼性・関係積極性）にどのような影響を及ぼすのか」であるという。（古壕）

鄭仁星・久保田賢一［編］『遠隔教育とeラーニング』北大路書房、二〇〇六年

遠隔教育とeラーニングの全体像がスムーズに把握できる。本書は第一部「概要」（概念、発達の歴史、理論）、第二部「事例」（世界各国の動向）、第三部「研究」（学習者・成功／失敗要因に関する動向、日本と韓国の動向）、第四部「開発」（教授者・学習者の役割、インストラクショナル・デザイン、デザイン方略）、第五部「メディア」（印刷、放送・遠隔会議システム、コンピュータ・インターネット）から成る。はじめからおわりまで議論の密度が濃い。（古壕）

内木文英『望星高校物語――FM放送と通信制教育』東海大学出版会、一九八四年

本書はもっとも古い通信制高校のひとつであり、ラジオを通じて教育を行なっていた東海大学付属望星高校の最初の二十数年の記録である。二つの部からなり、パート一では機会均等のため、働く人びと、主婦、病気や障害で全日制に通えない人びとのために望星高校の果たしてきた役割が、生の声を交えて描かれている。パート二では、FM東海（「FM東京」の前身）が廃止の危機をめぐって闘った記録が刻明に描かれている。当時の記録や生徒の声を通じて、かかわる人びとの熱い思いが感じられる本である。(石原)

宮澤保夫『人生を逆転する学校——情熱こそが人を動かす』角川書店、二〇一一年

学校を創り続ける「宮澤保夫」の歩みを綴ったものである。自らの生い立ちに加え、戦後社会を概観し語られる。取り組みの一つ一つが、社会に必要とされるものは何かという動機と、「人」を愛してやまない心持ちに支えられている。この中では「通信教育」が社会を変革していく大きな手法として取り上げられるともに、通信教育は通信教育が目的ではないことも明らかになっている。通信制高校に関わる、サポート校・技能教育施設の歴史を知る貴重なものであると同時に、「教育」とは何かを考えさせられる作品である。(松本)

手島純『通信制高校を知ってるかい——もうひとつの学校』北斗出版、一九八九年

一般向けに通信制高校を紹介した書籍としては最初のものである。当時、通信制高校に勤務していた著者が、編入生や年配生徒など、通信制に学ぶ生徒たちの声を紹介しつつ、通信制に学校教育の行き詰まりを打開する道筋を見いだそうとする。差別や挫折を経験して通信制にたどりついた生徒たちとともに手作りの教育改革を提案している。通信制高校について考えていくための基本的な文献であり、学校教育そのもののあり方をも問うものとなっている。(井上)

手島純『これが通信制高校だ――進化する学校』北斗出版、二〇〇二年

本書の編者である手島の二〇〇二年の著作である。ここでは、高校教育の開放を目指して設置された通信制高校の歴史と、急速な多様化が進行していた出版当時の高校及び生徒たちの実態、そして、世界の通信制高校及び通信教育の動向が整理されている。このなかで述べられている、「通信制高校の今日的意義とは、通信制高校に限定されたものではなく、教育一般へと広げて考えることのできる質を含んでいる」という考え方は、本書の執筆者にも共通する認識である。（土岐）

全国高等学校通信制教育研究会『高校通信制教育三十年史――回顧・現状・展望』日本放送出版協会、一九七八年

全国高等学校通信制教育研究会は、いわゆる「全通研」といわれる組織で、長い伝統をもっている。全通研に所属する各通信制高校の紹介にも紙幅を割いているが、「高等学校通信制教育三〇年のあゆみ」が圧巻である。通信教育が通信制高校へと発展していく過程が記述されていて、教育の機会均等とは何かということを考えさせられる。巻末に収録されている座談会がさらに厚みを加える。節目で『四十年史』『五十年のあゆみ』等も発行されている。（手島）

『誇りある青春――働く高校生の生活と意見』全国高等学校定時制通信制教育振興会

全国高等学校定時制通信制生徒生活体験発表大会の内容を年度ごとにまとめた冊子。毎年、公刊される。生活体験発表は、定時制通信制の生徒たちが、自らの経験を交流しあい、定時制通信制で学ぶことに誇りを見出そうとする全国的な行事として歴史を積み重ねている。定時制や通信制に学ぶ生徒たちの現実味のある声が記録された本冊子は、高校のホームルームなどで資料として活用され、また、教育研究の資料として用いられることもある。（井上）

学びリンク株式会社『通信制高校があるじゃん！』学びリンク、各年版

本書は約五〇〇頁と情報量が多く、進路先として通信制高校を考えている生徒にとっても相談を受ける教員にとっても便利な一冊である。毎年、情報が更新されるので、通信制高校やサポート校について最新の様子を知ることができる。本書を発行している「学びリンク」は他にも『教育特区学校ガイド』や『こんな学校があったんだ！』などを発行し、新しい学校づくりに関して、精力的に発信している。（手島）

Keegan, D. *Foundations of Distance Education*, Third Edition, Routledge, 1996.

洋の東西を問わず遠隔教育の理論や概念研究の際には、必ずといってよいほど参照されるテキスト。一九八六年の刊行以来版を重ねている。情報量も非常に豊富で、学生・研究者・行政関係者・実践者など遠隔教育に携わるすべての人びとに向けて書かれている。本書は、遠隔教育の概念や歴史を丁寧に辿りながら、遠隔教育の理論枠組みの構築に取り組んでいる。遠隔教育の「教授」「学習」行為の意味を問うなかで、遠隔教育の「本質」を追究する姿勢は崩さない。（古壕）

Garrison, D.R. *Understanding Distance Education: A Framework for the Future*, Routledge, 1989.

遠隔教育の「パラダイムシフト」を宣言した書。遠隔教育をコミュニケーション・プロセスの観

点から批判的に検討し、遠隔教育の新たなダイナミズムを描いている。「遠隔という概念」「教育とコミュニケーション」「独立性とコントロール」「教育テクノロジー」「通信教育」「テレビ会議型」「コンピュータを介した教育」「インストラクショナル・テクノロジー」「成人教育と遠隔教育」「遠隔教育の組織化」と多角的に考察が展開される。（古壕）

◉論文・報告書等

鈴木克夫「二つの遠隔教育――通信教育から遠隔教育への概念的連続性と不連続性について」『メディア教育研究』第三号、一九九九年

本論文は遠隔教育の出自を丹念に探り、遠隔教育には、対面教育との差異をもとに「遠隔」の独自性を強調する「自立学習型」と、「遠隔」よりも教える――学ぶという教育「過程」に注目する「仮想教室型」の二つの種類があることを突き止める。そこでは、教える――学ぶに関する表象のあり方や、通学／通信の境界画定のあり方の一端が示され、コミュニケーションやメディアから教育を根本的に問い直す。読むたびに新しい発見がある論文。（古壕）

松本幸広他「特集高校通信教育 社会の変化と高校教育（過去、現在、そして未来へ）」『平成二十七年度 日本通信教育学会研究論集』二〇一六年

毎年発行されている『日本通信教育学会研究論集』で、本号では通信制高校の特集が組まれている。その内容は「教育と希望」「高校通信教育を観る――通信教育の視点から高校教育の視点へ」「通信制高校への転入学の実態」「公立通信制高校の役割について」「『学習のケア』と『ケアとしての学習支援』」「学習の権利から考える通信制高校の生徒の広がり」「通信制高校の生徒指導―不登校生徒の心のケア」「通学型通信制高校生の生活とそのサポート」などが並ぶ。執筆者は本書『通信制高校のすべて』と重なり、合わせて読むと通信制高校をより理解できる。（手島）

阿久澤麻理子［研究代表者］『通信制高校の実態と実践例の研究――若者の総合的支援の場としての学校のあり方』（文部科学省平成二四～二六年度 科学研究費補助金 基盤研究（C）研究成果報告書）、二〇一五年

公立・私立（学校法人立・株式会社立）、狭域制・広域制を含む通信制高校、そして高校と技能連携する高等専修学校の合計約三〇校に対し、インタビューおよび個別の訪問調査を通じて、それらの実態と実践例を明らかにした。不登校経験者・転編入学経験者を受け入れている通信制高校が、若者の「学び直し」をどのように支えているのか、その実践に対して「学びの保障」「心理的支援」「社会的支援」「学校から社会への移行支援」の四つの側面から明らかにすることを試みるとともに、それぞれの学校が直面している多様な「困難」性が丹念に描き出されている。（内田）

土岐玲奈「通信制高校の類型と機能」『平成二十五年度 日本通信教育学会研究論集』二〇一四年

勤労生徒、不登校経験者、病気・障害とともに学ぶ生徒など、通信制高校生の「多様性」が各種調査で指摘される一方で、学校自体の「多様性」が見えてこない、との問題意識に立ち、本論文では「登校日数」と「登校先」を指標として、通信制高校を①従来型、②集中型、③ダブルスクール型、④通学型に類型化し、特性と課題を示している。個別の学校におけるミクロレベルの実践に目を向けるだけでなく、幅広い形態をとる通信制高校の教育活動のどこに、個別の実践が位置づくのかを、併せて検証していくことが通信制高校の研究には不可欠である。（阿久澤）

井上恭宏「『一人ひとりの学び』を支えるおせっかいな多文化主義――通信制高校での外国につながる生徒とのとりくみ」解放出版社［編］『部落解放』七三二号、二〇一六年

本報告では、公立通信制高校Zを舞台として、外国につながる生徒とともに歩んできた軌跡が紹介されている。一人ひとりの学びを見守る通信制の文化、公立でありながら通学型を設置するZ高校、そして日本語学習から進路まで支援する科目を支援の土台としながら、教師がおせっかいをやく様相が記述されている。外国につながる生徒への支援について、通信制の可能性に慎重な姿勢をとりつつ、通信制を活かした支援のあり方が示唆されている。（神崎）

井上恭宏「横浜修悠館からの報告」『ねざす』No56、神奈川県高等学校教育会館教育研究所、二〇一五年

この報告は、神奈川県立の独立制通信制高校である横浜修悠館のとりくみの紹介である。横浜修

悠館高校が公立通信制高校として「私立通信制との競争」と「全日制からあふれた生徒を受け止めるセーフティー・ネットとなること」を求められていることを紹介しつつ、生徒層や学校がどのように変わってきたかを述べている。ご自身の長年の通信制高校での実践を踏まえて、「通信制高校を光に」と考え、通信制高校の「受け止める」機能を大切にしていることが印象的である。(石原)

古壕典洋「社会通信教育における『へだたり』に関する考察——生成期の議論に注目して」『日本社会教育学会紀要』第四八巻、二〇一二年

通信教育は教授者と学習者の間に「へだたり」があるので、それは本来の教育ではないというような言説に触れることがある。しかし、筆者はその考えに対して異議を唱える。本論文は社会通信教育を対象にした構成ではあるが、それは学校教育における通信教育に当てはまるロジックになっている。教育が学習に先行するという見方を変え、「学習主体を問う学習論の視点から社会通信教育を捉え直す必要がある」という結論は、学校教育でも同じことがいえる。(手島)

秋山吉則「広域通信制高校の本校分校関係——全国展開を可能とした学校経営システム」『平成二六年度 日本通信教育学会研究論集』二〇一五年

本論文では、一九九〇年代後半より開設されてきた「学習センター」を中心に、通信制高校の関連施設の実態と意義、課題が示されている。関連施設は、通信制高校生の学習を丁寧に支える場として重要な役割を果たす一方、都道府県によって設置基準が異なるため、保証される教育内容に差が出てしまうという。これまで通信制関係の研究では、その制度上の特質から地域差について論じ

られる機会が少なかったが、本論文は都道府県による違いを浮き彫りにしている。（神崎）

内田康弘「サポート校生徒と大学進学行動——高校中退経験者の『前籍校の履歴現象効果』に着目して」『教育社会学研究』第九八号、二〇一六年

本論文は、高校中退経験をもつ私立通信制高校サポート校生徒の大学進学行動の実態とその構造を明らかにすることを目的としたエスノグラフィーである。サポート校は、高校中退経験者に対し、大学進学を可能にする道（トラック）の一つとして機能するとともに、生徒自身が高校中退経験を積極的な選択として捉え直す「自己再定義」を実現させていた。しかし一方で、生徒の進学先には、退学した「前籍校」が依然として強い影響力をもっていたという。（土岐）

神崎真実・サトウタツヤ「通学型の通信制高校において教員は生徒指導をどのように成り立たせているのか——重要な場としての職員室に着目して」『質的心理学研究』第一四号、二〇一五年

本論文は、通学型の通信制高校へのフィールドワークをもとに、生徒／教員にとって職員室がどのような機能を果たすのかを考察したものである。事例校である通学型の通信制高校では、通信制高校という制度的背景に加え、通学型という組織的背景を同時に有している。そうしたなかで、生徒から閉ざされた空間である職員室を、あえて生徒を引き寄せる装置として機能させることで、通学型の通信制高校という複雑な制度的・組織的背景を抱える学校空間において、円滑な生徒指導や生徒たちの積極的な学校参加を促していたという。（内田）

山梨大学大学教育開発センター・日永龍彦［編］『通信制高校の第三者評価制度構築に関する調査研究最終報告書』山梨大学大学教育開発センター、二〇一一年

本報告書は通信制高校の現状を述べ、アンケート調査に基づく課題や在校生と卒業生へのインタビューを踏まえた生徒の現状を報告している。そして、それに基づいて通信制高校の第三者評価構築へ向けての提言をしている。通信制高校自身だけでなく、管轄の教育委員会や設置認可権者の地方公共団体にも調査していることが特長。内容の面でややステレオタイプな通信制高校像となっている印象もあるが、網羅的に通信制高校を押さえることが可能な報告書である。（石原）

三菱総合研究所『学校評価の評価手法等に関する調査研究―B．学校種の持つ特性を踏まえた学校評価の在り方に関する調査研究報告書』二〇一一年

学校評価は、教育の質の保証や継続的な改善活動の実現及び保護者等とのコミュニケーションの拡充や説明責任を果たす手段としての役割をもつ。そこで本研究では、学校評価の取り組み実態とあり方の検討、評価手法や評価基準の標準例作成を目的として調査が実施された。有識者インタビュー、学校アンケート、学校・設置者・協力校・サポート校インタビューの結果を踏まえ、通信制高校の多様な生徒に応じた評価手法及び評価基準の標準例が示された。（土岐）

三菱総合研究所『定時制課程・通信制課程の在り方に関する調査研究』（文部科学省平成二三年度「高等学校教育の推進に関する取組の調査研究」委託調査研究報告書）二〇一二年

定時制・通信制高校の実態把握を目指し、有識者インタビュー調査、学校及び行政へのアンケー

ト調査、特徴的な取組を行う学校を対象としたインタビュー調査を実施。生徒の状況や教育活動の取り組み実態・課題の把握と分析、設置権者による管理・支援状況の把握と分析を行なった。結論として、通信制高校に関しては、多様な生徒の状況に応じた教育、就職支援の必要性が認識されていること、公立校の卒業が困難であることが指摘された。（土岐）

全国高等学校定時制通信制教育振興会『高等学校定時制課程・通信制課程の在り方に関する調査研究』（文部科学省平成二三年度「高等学校教育の推進に関する取組の調査研究」委託調査研究報告書）二〇一二年

本研究では、定時制・通信制高校と、在籍生徒を対象とし、質問紙調査が実施された。学校調査では、スクールカウンセラー、ソーシャルワーカー等の配置状況、面接指導の実態、他の教育施設との連携状況等と併せ、生徒の就労、不登校・中退経験、学習障害・発達障害等についても調査された。公私別の分析はほとんどされていないが、学校調査は、回収率が九一・九％（通信制高校八六・五％）と非常に高く、通信制高校の現状を知るための貴重な基礎資料となっている。（土岐）

おわりに

私（編者・手島）は公立高校の通信制課程で一九八〇年から一五年間、社会科の教員として仕事をしてきました。その当時、通信制高校のことはあまり知られていませんでしたが、さまざまな事情で学ぶ機会を失った成人の生徒をはじめとして、高校中退・不登校などを経験した者が陸続と通信制高校に入学してきている状況を目の当たりにしました。高校のことは全日制高校しか知らなかった私は、この通信制高校で起きていることを抜きに教育は語れないと感じたのです。しかし、通信制高校について発信する人はほとんどいなくて、これは自分の役目だと感じ、『通信制高校を知ってるかい』『これが通信制高校だ』（共に北斗出版）を上梓しました。これらの本（とくに前者）はマスコミでも大きく取りあげられ、話題になりました。

それから長い年月が経過して、通信制高校を取り巻く状況は大きく変わりました。私立通信制高校の台頭です。教育改革が叫ばれ続けても、中退・不登校などの問題は根本的に解決されないままです。そうしたなかで、株式会社立通信制を中心に私立の通信制が増加していきました。これは二一世紀になってからのことです。通信制高校を語る場合、この新しい潮流を決して無視できません。

しかし、そうしたことを論じるのは私の役目ではないと思っていました。その理由は、私自身が通信制高校の現場にいないということ、また、めまぐるしく変わる通信制高校の状況把握をすることは困難だと感じていたからです。

一方、私が所属する日本通信教育学会（白石克己会長）では通信制高校を研究する若手の研究者が増えていきました。その若手の研究者たちは、通信制高校を単に研究対象としてだけで観察してはいなかったのです。自分自身が不登校を経験したり、高校や大学での中退を経験したりで、自分の問題として通信制高校を考えている姿がうかがえました。また、学ぶとは何か、学校のあり方とは何かということを真摯に考えている方もいました。

私自身は、もう通信制高校の研究からは手を引こうかと思っている矢先でしたが、若い研究者の姿を見て触発され、もう少し通信制高校の研究を続けよう、そして彼らと共に通信制高校のことを発信しようと決意したのです。

私は何より曇りなき目で通信制高校を見てほしいのです。確かに通信制高校も多くの問題を抱えていますが、通信制高校の教育における役割は重要なものがあるのです。そのことを本書で発見していただければ、本書の目的は果たせます。

さて、執筆者に関しましては、若手研究者以外では、通信制高校の現場の教師や運営をされている方、人権の視点を大切にして研究活動をされている方に声をかけました。みなさん最前線で通信制高校の実践・研究・運営にかかわっている信頼できる方たちです。こうして一緒に仕事ができたことは、この上もなくうれしいことです。共同での本づくりは、ひとりで書くより大変な点もありますが、むしろ支えられ、励まされ、学びあった一年でした。

この共同執筆者のみなさんには、普段書いている論文調ではなく高校生にも理解できるように執筆してくださいとお願いしたので、少々戸惑ったとは思います。結果的には文章の難易度に幅があるものの、各人の多様な個性が文章に滲み出ていて、本に厚みを与えてくれたと思っています。

彩流社社長の竹内淳夫さんとはすでに長いお付き合いになりました。いつも私の企画を快諾していただき、ありがとうございます。編集は今回も高梨治さんにしていただくことになりました。拙著『高校教師が語る　16歳からの哲学』（彩流社）が出版され、台湾や中国でも翻訳出版されたときからのお付き合いです。多数の執筆者の原稿をうまく調整・編集していただき感謝しています。また、教育現場において私の先達である綿引光友さんに今回も原稿を見てもらい、さまざまなアドバイスをいただきました。この場をかりてお礼を申し上げます。

二〇一七年　桜の咲く季節に

手島　純

増補版に寄せて

手島　純

はじめに

本書の初版が出版されて、一年半が経ちました。ありがたいことに、本書は広く読まれ、また多くの反響がありました。メディアにも取り上げられ、編著者である私もいくつかの新聞からインタビューを受け、コメントもしました。ＮＨＫのテレビにも出演しました。反響の大きさにびっくりしています。通信制高校自体も生徒数を増やし、高校教育において通信制高校はさらに無視できない存在になっています。通信制高校は、硬直しているのではないかと思われる全日制高校に対して、さまざまな刺激を与えています。特に私立通信制高校の躍動はめざましく、目が離せない状況になっています。

しかし、通信制高校は、問題のある学校経営や教育の質保証に関する懸念が生じたことも事実です。そうした通信制高校にかかわる両面を把握することが、より深い通信制高校への理解に繋がると思います。問題点を把握しながらも、通信制高校の可能性に着目する必要があります。

わずかな紙幅ですが、本書上梓後の通信制高校を取り巻く状況を読者のみなさまにお知らせすることで、この「増補版に寄せて」の内容とさせていただきます。

メディアの関心

二〇一八年五月一四日の北海道新聞の教育欄では「増える通信制高生　変わる学びの場」という見出しで通信制高校の特集が組まれました。その記事のリードでは「通信制高校で学ぶ生徒の数が道内外で増えている。少子化で定員割れになる全日制高校が増える一方、通信制高校は専門技能の習得や、不登校経験者の支援などの特色を掲げることで、生徒の要望に応えている。通信制でありながら、通学したい生徒のために週五日の授業を設けるところもある」と書かれています。

この記事の掲載に当たって、担当の記者から私に連絡がありました。そこでの質問は「ここ数年、通信制高校を選択する生徒が増えています。その状況をどのように見ていますか」「通信制高校はどのような子どもたちに適した高校でしょうか」「多様な通信制高校の特色を、中学生や高校中退者、保護者に対してどのように情報発信していけばいいでしょうか」などでした。精力的に北海道の通信制高校を取材した記者の疑問は、要するに「なぜ通信制高校なのか」ということでしょう。私はいくつかの質問に答え、記事のなかでは私のコメントが次のように掲載されました。「生徒が多様化する中、選択肢の一つとして、通学などの制約が少ない通信制を選ぶのは自然な傾向だと思います。ただ背景には全日制高校の問題が絡んでいます。全日制は生徒指導が厳しく、中退する生徒が多いなどの実情を把握する必要があります。……通信制の高校は『自学自習』が基本です。その一方で学習を手助けする仕組みも整っています。通信制に不安を抱く方も少なくないようですが、通信制を選択する際には、『どれだけフォローしてくれるか』を高校に聞き、自分に合う高校を選んでほしい」。

通信制高校が選択される理由のいくつかは伝えられたと思います。

その後、中國新聞からも取材を受けました。二〇一八年九月一七日に発行された同紙教育欄での見出しは「通信制高　柔軟さ人気」でした。袖見出しは「進学者　広島県内一〇年で一・九倍」というもので、通信制高校の生徒数が増えている状況に記者も驚き、取材をはじめたのです。リードを紹介します。「中学卒業後に通信制高校を選ぶ生徒が増えている。少子化が進む中でも、広島県内でこの一〇年で一・九倍となった。集団生活になじめない生徒たちの受け皿になっているほか、大学や専門学校への進学など将来のキャリア形成に力を入れる学校も増えているため。多様な学習スタイルが可能な場として注目されている」。

中國新聞も北海道新聞と同じように、通信制高校を選択する生徒が増えたことに対して、それはなぜなのかという疑問から取材が始まっています。中國新聞での私のコメントは学校選びについてのことで、「大勢で学ぶ所があれば、少人数の学習塾といった雰囲気もあり、学習環境はさまざま。希望に沿うか、必ず説明会や学校見学などで確認してほしい」という文章が掲載されました。通信制高校は多様なので、学校見学をして学習環境を知ることは大切であることを伝えたかったのです。

このように通信制高校に対するメディアの関心は高く、通信制高校はメディアが追いつけないくらいに進化し続けているように思います。

通信制高校訪問

私は文部科学省の委託事業「高等学校における次世代の学習ニーズを踏まえた指導の充実事業」にかかわっていて、その一環として、ある通信制高校を訪問しました。そこは全国に展開する広域通信制高校の学習センターという形を取っています。そこで私は生徒へのインタビューを行い、ちょうど生徒の発表会があるというので参加させてもらいました。

まず、八人の生徒にインタビューを行いました。そのうちの半数以上が中学校で不登校経験がありました。いじめによって不登校になった生徒もいました。中学の思い出はあまり良くないようでしたが、反面、その誰もが通信制高校の教師に対して、非常に好感度が高いのです。多くは生徒と先生の距離感が近くていいと話します。中学時代と比較して、先生たちが親身に自分たちのことを考えてくれると言います。中学とは生徒数も違いますし、各クラスの人数も違うでしょうから単純に比較はできないまでも、ここまで先生たちを信頼して尊敬している話は、最近あまり聞きません。

その後、学校行事として、班別で行われる発表会に参加しました。これは学校外の会場を借りて、各班が調査研究したことを発表する大会です。その会場に行ってまず驚いたのは、生徒の頭髪・服装が自由だということです。服装は標準服があるようですが、頭髪はバラバラで、いわゆる茶髪も多く見受けられました。それだけで、自由な感じがするのですが、それに加えて司会の先生の話し方がとてもフレンドリーで快く、生徒に対しての威圧感などはまったくありませんでした。

さらに驚いたことがあります。「アニメ」「忘れ物」「人生エンジョイ」「ヘアアレンジ」などの発表タイトルに混じって、「妊娠」というものがありました。それは生徒が自らの妊娠・出産体験を発表し、こんな気持ちで過ごしたということを説明したものでした。さすがにこの発表には驚きました。多くの高校では生徒は妊娠すると退学せざるを得ない状況になっていますし、その問題は新聞で話題にもなっていました。そうした現状にあって、妊娠し出産した生徒を抱え、さらに発表する機会まで認めるとは。なんと大らかで生徒主体で考えることができる学校なのだろうと驚き、そして、生徒を見守るとはこういうことなのかと感慨深く発表を聞いたのでした。

私が公立高校の全日制に勤務していたときに、髪の毛がちょっと茶色いからといって、先生たちが取り囲んで指導することがありました。カーディガンの色が派手だからといって色別の規制をしていました。生徒総会に教師が入り込んで服装チェックをしていました。やりすぎの生徒指導に辟易したものです。今ではいくつかの学校で生徒の頭髪・服装が学校のルールと違うという理由で校内には入れずに、帰宅させる指導も行われています。こうしたことは「ブラック校則」などと言われています。確かに問題です。いじめや暴力などの問題はきちんと対応すべきだと思いますが、頭髪・服装で生徒を追いつめるのはよくありませんし、もっとやるべきことがあると思っていました。

きっと多くの中学生や高校生も行きすぎた生徒指導にうんざりしていると思います。校則も管理的でなく、親身で寛容な生徒指導が中心の通信制高校に生徒たちが流れていくのも必然だと思います。

執筆者の土岐さんからの報告

本書の第六章でも述べましたように、ある広域通信制高校で就学支援金不正受給問題が生じました。この高校は学校法人ではなく、株式会社立高校でしたが、通信制高校全体に対するダメージは計り知れないものがありました。その学校は現在存在していませんが、通信制高校に対する世間の眼差しはその問題を引きずっています。それゆえ、文部科学省も通信制高校における教育の質保証という観点で、「高等学校通信教育の質の確保・向上のためのガイドラインの策定について」を公にしました。その後も文部科学省の通信制高校への調査は続けられています。この文部科学省の委員として、本書の執筆者である土岐玲奈さんが参加していましたので、情報を提供してもらいました。

土岐さんは、「文部科学省初等中等教育局 広域通信制高等学校の質の確保・向上に関する調査研究協力者会議」及び「文部科学省初等中等教育局 高等学校通信教育の質の確保・向上のためのガイドライン検討ワーキンググループ」の委員を務めました（二〇一七年六月～二〇一八年三月）。委員会では審議に関連して実施したアンケートやガイドライン、最終報告の内容について検討したとのことです。通信制高校における教育の取り組み内容に関する報告等もあったそうです。会議はすべて公開だったので配布資料は公開されています。

この会議が立ち上がった経緯は、一部の通信制高校において、違法・不適切な学校運営や学習指導要領等に基づかない教育活動が行われるといった課題が明らかになったからです。そうしたことが起きないように作成されたガイドラインについては本書でも触れていますので、出版後にガイドラインが改定された部分を一部記します。

主な改定として「添削指導及び面接指導は、高等学校通信教育における基幹的な部分であること」「面接指導と通学コースにおける教育活動は、明確に区別されるものであること」「新しい学習指導要領との整合性をとること」などが付け加わりました。当たり前の話ですが、そうしたことが疎かになっている学校があったのかもしれません。

さて、こうした文部科学省の一連の会議に出席して、土岐さんはどのように思ったのでしょうか。感想を聞いてみました（以下、土岐さんの文章）。

私は、この会議が始まった二〇一六年の七月から、その動向が気になり傍聴していました。

そして、二〇一七年の六月からは委員として参加することとなりました。

この会議が立ち上がった当時、世間を騒がせていたのは、通信制高校の中で明らかな不正が行われていた事件でした。通信制高校において生じた問題の中でもこうしたケースは論外ですが、調査が進む中で、これまで学校経営の経験がなかった法人が新たに通信制高校を立ち上げたケースにおいて、「学校としては当たり前のこと」が認識されていない場合があることが明らかになってきました。そのため、ガイドライン改訂の際には、これまで「言うまでもない」と考えられてきた具体的な指導に関わる事柄も書き加えられました。

ルールに則った運用をすることは学校経営の大原則です。ただし、「教育の質を確保する」というのは、どこでも一律に同じ教育をすればいいという意味ではありません。私としては、現在生じている問題が改善されることはとても重要だと考える一方で、これまで通信制高校で行われてきた生徒のニーズに合わせたさまざまな対応の工夫が否定されてしまわないかということも気にしていました。

しかし、今回の会議では、問題点の指摘だけではなく特色ある高校の事例紹介の機会もありました。そして、審議のまとめでは、通信制高校において「個々の生徒に応じたきめ細かな指導や支援が不可欠となるという意味で、『共通性を確保』する上でも『多様性への対応』を充実させることが求められるといえる」（『高等学校通信教育の質の確保・向上方策について（審議のまとめ）』）と述べられています。

通信制高校における教育は、レポート教材を使って、生徒一人ひとりの理解度に応じた指導ができる、つまり、「多様性に対応」することで、教育の「共通性を確保」することができる教育方法です。他の学校ではなかなか対応できないさまざまな課題と向き合ってきた通信制高校の社会的意義の大きさを認めたうえで、通信制高校としての高校教育の在り方について改めて確認し基本の徹底を図ろうとするのが、今回の（広域）通信制高校をめぐる一連の動きなのだと思います。

土岐さんは、文部科学省の委員として、通信制高校の問題点を認識しながらも、通信制高校の「多様性に対応」する教育の意義を訴えています。私も同感です。

おわりに

通信制高校を取り巻く状況は刻々と変化をしています。うっかりすると追いつけないくらいです。しかし現在では、通信制高校の動向を無視して高校教育は語れないのです。本書で示した「二〇人にひとりが通信制高校生」は、「一八人にひとりが通信制高校生」という状況に迫っています。驚くべき現状です。

通信制高校が育んできた「いつでも、どこでも、だれでも」という教育理念を基盤に、通信制高校が新たな高校教育の地平を切りひらいてほしいと思います。一方、アメリカのチャータースクールに見られるような公設民営化学校に絡めとられて、教育の公共性が失われないように注視していく必要もあります。目が離せないのです。

今回、増補版ということで本書を補強しました。執筆者たちは今も通信制高校について第一線で実践・研究している方たちなので、さまざまなシーンで通信制高校についてさらに発信していくことでしょう。私自身も通信制高校の実態と動向を追っていこうと思っています。

神崎　真実
（かんざき　まみ）

立命館グローバル・イノベーション研究機構・助教。日本教育心理学会、日本質的心理学会等に所属。主な著書・論文に『不登校経験者受け入れ高校のエスノグラフィー：生徒全体を支える場のデザイン』（ナカニシヤ出版）、「不登校経験者が高校を経由して進路選択に至るプロセス：複線径路等至性モデリングによる学校経験の理解」（発達心理学研究 32 号）等がある。第 5・6 章担当

古壕　典洋
（こぼり　のりひろ）

栃木県出身。東京大学大学院教育学研究科特任助教を経て、現在、星槎大学大学院教育学研究科准教授。専門は社会教育学・生涯学習論。最近の論文として「『独りで学ぶ』とはなにかー『ま』と『あいだ』」（『日本通信教育学会 70 周年記念誌』2022 年）など。第 11 章担当

土岐　玲奈
（とき　れいな）

星槎大学准教授。博士 (教育学)。自身の不登校、高校中退経験を出発点に、通信制高校における教育実態、困難を抱える子ども・若者に対する学習支援等をテーマとした研究を行う。これまでに、文部科学省「広域通信制高等学校の質の確保・向上に関する調査研究協力者会議」委員、文部科学省公募事業「通信制高校における教育の質確保のための所轄庁による指導監督の在り方に関する調査研究事業」学識経験者等を務めた。主著『高等学校における〈学習ケア〉の学校臨床学的考察』福村出版。第 6・9 章担当

松本　幸広
（まつもと　ゆきひろ）

埼玉県秩父郡長瀞町出身。学生時代、宮澤保夫が創設した「ツルセミ」に参加。大学卒業後、宮澤学園（現星槎学園）において発達に課題のある子どもたちを含めた環境でインクルーシブな教育実践を行う。その後、星槎大学、星槎大学大学院の開設を行う。現在、星槎グループラーニングコーディネーター、SEISA アカデミー担当、日本通信教育学会理事、日本共生科学会理事、日本自閉症スペクトラム学会理事。第 1 章担当。

【執筆者一覧】※五十音順

阿久澤　麻理子
（あくざわ　まりこ）

大学卒業後、手描き友禅工房、曹洞宗ボランティア会［現・（公社）シャンティ国際ボランティア会］、（財）神奈川県国際交流協会の勤務を経て、研究者となる。2011年より大阪市立大学教員（都市経営研究科／人権問題研究センター）。専門は教育社会学。人権教育の視点から、通信制教育を通じた教育権保障、差別・社会的排除に抗する教育・啓発について研究。第8章担当

石原　朗子
（いしはら　はるこ）

総合研究大学院大学文化科学研究科メディア社会文化専攻博士後期課程修了、博士（学術）。小学生から大学生までに家庭教師としてかかわったのち、大学職員を経て、大学教員になる。現在、星槎大学大学院教授。自身が通信制大学院で学んだことをきっかけに通信教育研究に携わり、通信制高校・通信制大学の社会的機能、通信制高校から通信制大学への接続に関心を持つ。第10章担当

井上　恭宏
（いのうえ　やすひろ）

1987年より神奈川県立高校教員として勤務する。公立通信制高校2校での勤務経験がある。日本通信教育学会会員。神奈川県高等学校教育会館教育研究所員。「＜一人ひとりの学び＞を支えるおせっかいな多文化主義　通信制高校での外国につながる生徒とのとりくみ」『部落解放　増刊号732号』解放出版社（2016）など、通信制高校に関わる報告が多数ある。第4章担当

内田　康弘
（うちだ　やすひろ）

名古屋大学大学院教育発達科学研究科博士後期課程単位取得満期退学、博士（教育学）。現在、愛知学院大学教養部准教授。研究テーマは、学校・民間教育機関・地域社会の協働による不登校・高校中退経験者の学習・進路支援。主な論文に、「サポート校生徒と大学進学行動」『教育社会学研究』第98集（2016）、「サポート校生徒は高校中退経験をどう生き抜くのか」『子ども社会研究』第21号（2015）などがある。主な所属学会は、日本教育社会学会、日本子ども社会学会、日本通信教育学会など。第7章担当

【編著者】

手島　純
（てしま　じゅん）

民間会社経験後、教職に転職。神奈川県立高校社会科教員として、通信制高校・定時制高校・全日制高校で35年間勤務する。その後、大学兼任講師を歴任し、現在は星槎大学教授。日本通信教育学会（理事）、日本教師教育学会等に所属する。主な著書に『これが通信制高校だ』（北斗出版）、『高校教師が語る16歳からの哲学』（彩流社：台湾・中国で翻訳出版）、編著書に『社会科・地歴科・公民科指導法－新学習指導要領の研究と実践的展開』（星槎大学出版会）がある。第2章・3章・6章及び編集担当

改訂新版《かいていしんぱん》
通信制高校《つうしんせいこうこう》のすべて

二〇一八年十二月十四日　増補版第一刷
二〇二三年七月三一日　改訂新版第一刷

編著者——手島　純
発行者——河野和憲
発行所——株式会社 彩流社
〒101-0051
東京都千代田区神田神保町3-10　大行ビル6F
電話：03-3234-5931
ファックス：03-3234-5932
E-mail：sairyusha@sairyusha.co.jp

印刷——モリモト印刷（株）
製本——（株）難波製本
装丁——中城デザイン事務所

Sairyusha

ISBN978-4-7791-2916-2　C0037
http://www.sairyusha.co.jp

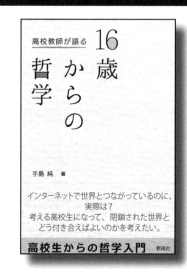